Coleção
Interações

Interações:

ser professor de bebês – cuidar, educar e brincar, uma única ação

Blucher

COLEÇÃO

INTERAÇÕES

Cisele Ortiz
Maria Teresa Venceslau de Carvalho

Interações:
ser professor de bebês – cuidar, educar e brincar, uma única ação

Josca Ailine Baroukh
COORDENADORA

Maria Cristina Carapeto Lavrador Alves
ORGANIZADORA

*Interações: ser professor de bebês – cuidar, educar
e brincar: uma única ação*
© 2012   Cisele Ortiz
              Maria Teresa Venceslau de Carvalho
2ª reimpressão – 2019
Editora Edgard Blücher Ltda.

Capa: Alba Mancini

Foto: Maria Teresa Venceslau de Carvalho

Blucher

Rua Pedroso Alvarenga, 1245, 4º andar
04531-934 – São Paulo – SP – Brasil
Tel.: 55 11 3078-5366
contato@blucher.com.br
www.blucher.com.br

Segundo o Novo Acordo Ortográfico, conforme 5. ed.
do *Vocabulário Ortográfico da Língua Portuguesa*,
Academia Brasileira de Letras, março de 2009.

É proibida a reprodução total ou parcial por quaisquer
meios, sem autorização escrita da Editora.

Todos os direitos reservados pela Editora
Edgard Blücher Ltda.

FICHA CATALOGRÁFICA

Ortiz, Cisele,
     Interações: ser professor de bebês: cuidar, educar
e brincar: uma única ação / Cisele Ortiz, Maria Teresa
Venceslau de Carvalho, Josca Ailine Baroukh,
coordenadora; Maria Cristina Carapeto Lavrador Alves,
organizadora. – São Paulo: Blucher, 2012. –
(Coleção InterAções)

     Bibliografia
     ISBN 978-85-212-0675-0

     1. Bebês – Crescimento 2. Bebês – Cuidados
3. Bebês – Desenvolvimento 4. Educação de crianças
5. Prática de ensino. I. Carvalho, Maria Teresa Venceslau
de. II. Baroukh, Josca Ailine. III. Alves, Maria Cristina
Carapeto Lavrador. IV. Título. V. Série

12.04924   CDD-370.71

Índices para catálogo sistemático:
1. Educação infantil: Formação de professores:
Educação   370.71

Às crianças, que sempre nos encantam.

Aos professores de bebês e todos aqueles que se empenham em tornar a educação deste país acessível e significativa aos pequenos.

Aos que, compartilhando experiências e saberes, muito nos ensinaram ao longo de nosso percurso profissional.

Nota sobre as autoras

O que nos uniu como autoras deste livro foi uma parceria estabelecida há alguns anos a partir de experiências comuns: acreditamos que só um trabalho de qualidade na Educação Infantil é capaz de promover as transformações necessárias na educação do povo Brasileiro.

A partir de nossas experiências como formadoras, em diferentes regiões do Brasil, e depois de tantos anos nessa trajetória persistimos nessa crença e os bebês continuam a nos encantar.

Cisele Ortiz é psicóloga. Atua na Educação Infantil desde 1977 e é coordenadora adjunta do Instituto Avisa Lá – formação continuada de educadores, desde 1996.

Maria Teresa Venceslau de Carvalho é psicóloga, psicanalista, mestre em Psicologia da Educação pelo IPUSP, formadora de professores e gestores de Educação Infantil na rede pública e particular de ensino desde 1995.

Agradecimentos

Às instituições que nos possibilitaram ilustrar esse livro com imagens significativas: Liga Solidária - SP, Espaço Bebê do Clube Hebraica - SP, Secretaria Municipal de Educação de Apiaí - SP.

Apresentação

Educar é interagir, é agir **com o outro**, o que acarreta necessariamente a transformação dos sujeitos envolvidos na convivência. Foi essa a ideia que elegemos para nomear a coleção InterAções. Acreditamos que ensinar e aprender são ações de um processo de mão dupla entre sujeitos, que só terá significado e valor quando alunos e professores estiverem questionando, refletindo, refazendo, ouvindo, falando, agindo, observando, acolhendo e crescendo juntos.

Com base nessa premissa convidamos autores e professores. Professores que conhecem o chão da sala de aula, que passam pelas angústias das escolhas para qualificar as aprendizagens das crianças, seus alunos. Professores que, em sua grande maioria, também são coordenadores de formação de grupos de professores, conversam com professores e, portanto, conhecem o que os aflige.

A esses autores, pedimos que estabelecessem um diálogo escrito sobre temas inquietantes em suas áreas de atuação. Temas que geram muitas dúvidas sobre o que, como e quando ensinar e avaliar. Temas recorrentes que, se abordados do ponto de vista de novos paradigmas educacionais, podem contribuir para a ação, reflexão e inovação das práticas de professores da Educação Infantil e do Ensino Fundamental I.

Apresentamos nesta coleção situações de interação entre professores e crianças: exemplos, sugestões pedagógicas e reflexões. Pontos de partida para o professor repensar sua prática e proporcionar a seus alunos oportunidades de se sentirem e serem protagonistas de suas aprendizagens. Acreditamos que é importante o professor questionar sua rotina e construir um olhar apurado sobre as relações cotidianas. Estranhar o natural estimula a criatividade, a inovação, o agir. E, assim, é possível ir além do que já se propôs no ensino desses temas até o momento.

Nosso intuito é compartilhar as descobertas geradas pelo movimento de pesquisa, reflexão e organização do conhecimento na escrita dos autores. E proporcionar ao professor leitor a experiência de um "olhar estrangeiro", de viajante que se deslumbra com tudo e que guarda em sua memória os momentos marcantes, que passam a fazer parte dele. Queremos animar em nosso leitor a escuta atenta e estimular suas competências técnicas, estéticas, éticas e políticas, como tão bem explica Terezinha Azeredo Rios.

Em meio às dificuldades de ser professor na contemporaneidade, os profissionais da educação persistem na criação de planejamentos e ações que promovam as aprendizagens de seus alunos. Aos desafios, eles apresentam opções e são criativos. É para esses profissionais, professores brasileiros, e para seus alunos, que dedicamos nossa coleção.

Boa leitura!

Josca Ailine Baroukh

Sumário

1 O espaço do bebê hoje 15

Iniciando a conversa 15

Um pouco de história 19

Continuamos a construir a nossa própria história 24

Referências bibliográficas 27

**2 As primeiras relações – uma questão crucial
para o bebê** 29

O bebê enquanto sujeito: uma visão de várias
dimensões 32

Referências bibliográficas 43

**3 A importância do acolhimento ao iniciar
a vida fora de casa** 45

Referências bibliográficas 59

4	**Organização dos ambientes para os bebês – o olhar atento**	61
	De onde partimos	61
	O que é um lugar para bebês?	64
	Oportunidades para contato pessoal e privacidade	68
	Decoração – o que diz?	69
	Integração com os cuidados e com a saúde	74
	Um quintal	76
	Referências bibliográficas	78
5	**Rotina de cada criança, de grupo, de creche – possibilidades de conciliação**	79
	A vida como ela é	79
	A vida como pode ser	82
	Por que é tão difícil proporcionar um bom atendimento para os pequenos?	86
	Representação da infância e de suas famílias	86
	Como fazer para construir uma proposta educativa adequada à faixa etária? O que os educadores precisam saber sobre as crianças pequenas?	89
	O que os educadores precisam fazer	93
	Referências bibliográficas	100
6	**E os bebês... brincam!**	103
	O brincar e o corpo em construção	107
	Brincadeiras primordiais	108
	O brincar e o vínculo com a cultura	112

O brincar e os objetos 117

Brincar com materiais artísticos 126

O brincar e o movimento 132

O brincar e a música 137

Referências bibliográficas.. 146

7   E os bebês... falam! A comunicação oral como construtora do pensamento, da interação com o outro e com a cultura 149

Para além do falar... 162

Ler para o bebê como forma de ampliar o universo interativo e simbólico 167

Referências bibliográficas.. 170

8   Acompanhando as aprendizagens e o desenvolvimento das crianças 173

Pautas de observação: como construir um olhar específico para o bebê? 173

Avaliação formativa.. 179

INDIQUINHO – Indicadores de Qualidade da Educação Infantil 181

IRDI – Indicadores Clínicos de Risco para o Desenvolvimento Infantil 184

O modelo *Touchpoints*.. 187

As aprendizagens específicas 190

Referências bibliográficas.. 194

9 Sugestões aos professores 197

Artes visuais e seus materiais 197

Riscantes 198

Suportes 201

Modelagem 202

Colagem 203

Recorte 204

Música 205

Materiais diversos para brincar/movimento 208

Hora da história! 210

Filmes para refletir sobre educação 212

Para pesquisar e estudar 216

Documentos oficiais sobre Educação Infantil 218

Revistas 218

Blogs 219

Sites informativos 219

1 O espaço do bebê hoje

Iniciando a conversa

Em relação à história das instituições de educação, o lugar específico para bebês ainda está, como eles, engatinhando, principalmente em nosso país onde não há uma cultura totalmente estabelecida sobre essa prática, onde ainda é polêmica a questão: "*Bebês podem ir às creches?*". Ainda assim, o espaço do bebê em instituições de educação já tem um caminho percorrido com algumas histórias para contar e outras a serem construídas a partir de muita experiência e transformações nas políticas públicas.

Embora hoje em nossa sociedade o acesso à escola de educação infantil seja lei desde 1988, conforme preconiza nossa consituição e a LDB, de 1996, em dados de 2011, apenas 18% das crianças brasileiras frequentam creches e cerca de 80% das crianças de 4 a 5 anos frequentam pré-escolas. Entre as crianças que frequentam as creches (0 a 3 anos), as de até um ano de vida, praticamente não são atendidas. Começamos efetivamente a atender as crianças a partir de 1 ano de idade.

Muitas podem ser as razões para este descompasso. A primeira é a falta de vagas; a fila de espera é longa, pois os governos ainda não dão a devida importância a esta faixa etária, não resultando em uma cultura estabelecida. A segunda é que quanto menor a criança, maior seu custo, pois exige um espaço com metragem maior, dentro dos ambientes educativos, com lugares preservados para sono, alimentação e brincadeiras, entre outras coisas. A terceira é que a proporção de educadores por crianças também deve ser maior, pois os bebês são extremamente dependentes dos adultos. Esta proporção pode variar conforme especificações legislativas locais, mas em geral é de 7 bebês de até 1 ano para cada educador, enquanto que para as crianças de 4 anos a razão chega a ser de 25 para 1; portanto atender as crianças pequenas tem custo elevado em relação a salários.

Outra razão, não menos importante, para o pouco atendimento de bebês é a própria opção das mães que estão vivendo um momento de aprendizado, principalmente quando se trata do primeiro filho. Elas têm receio e se sentem inseguras em deixar sua criança num grupo com desconhecidos, preferindo, quando possível, compartilhar o cuidado do bebê com a avó, a tia, ou, ainda, pagar uma pessoa para que fique com a criança em casa. Os pais têm receio do que dizem familiares, pediatras, vizinhos: "a criança que sai de casa muito cedo convive com muitas crianças e adoece mais"; *tem muita criança para as educadoras olharem, então não dá para cuidar direito, tem sujeira e acidente*".

Decidir não colocar seu filho antes de um ano na creche é uma possibilidade, mas nem sempre isso ocorre por opção. Acreditamos que de modo geral a sociedade ainda transmite a mensagem de que é com a mãe que a criança pequena deve ficar, é ela a principal responsável pelo cuidado e atenção das crianças nas famílias. Há mães que se sentem muito culpadas em deixar a criança na creche, como se de fato a estivesse abandonando; outras entendem a ida à creche como atestado de que não são capazes de cuidar de seus filhos. E há também aquelas que lutam para que seu filho comece a frequentar cedo a creche, por acreditar que "*bebê de creche é bebê esperto*".

É sabido que a família é o primeiro contexto de educação da criança pequena. É no seio da família que os primeiros significados são mediados e as primeiras experiências afetivas são vivenciadas. É esperado que a criança construa fortes vínculos com sua mãe, pai, avós, tios e outros familiares, portanto é de se esperar que as mães possam ter sentimentos ambíguos e ansiedades ao pensar em deixar sua criança na creche.

O espaço do bebê hoje

Algumas mulheres podem levar em consideração outros cuidados alternativos para com a criança além da creche; elas podem pensar num familiar que as auxilie, numa empregada ou babá, numa creche domiciliar, que, apesar de ilegal, ainda existe nos grandes centros urbanos, ou podem simplesmente tomar a decisão de cuidar elas próprias, assumindo a maternagem como uma necessidade para si e sua criança.

Indo para a creche
Fonte: CEI São Cesário/Liga Solidária - SP

Ao decidir por uma ou outra forma de ajuda para o cuidado e para a educação das crianças pequenas, as famílias precisam ponderar muitos detalhes. Segundo Rapoport, A. e Piccinini, C.A., a tomada de decisão é um momento difícil. Primeiro porque depende muito da situação econômica da família, se ela tem dinheiro ou não para pagar uma creche privada, que costuma ser um serviço caro; se o trabalho compensa do ponto de vista financeiro, e o que representa o trabalho fora de casa para a mulher; se o local onde a mãe trabalha tem creche ou se este a subsidia de alguma forma.

Segundo, no caso da mãe que trabalha fora, quem seria o cuidador familiar? Um irmão mais velho, correndo riscos de segurança? Ou outros adultos como tios ou avós, alguém que não trabalhe, condição muito difícil de ser encontrada nos centros urbanos nos dias atuais.

Em terceiro lugar, estão as ideias que os pais fazem do que poderia ser a vida da criança numa creche, quais as concepções e práticas educacionais que eles têm e que imaginam que a creche tenha. O nível de escolaridade dos pais influencia tanto em sua capacidade financeira quanto na compreensão sobre o que seja uma escola para crianças pequenas e a importância da educação para o desenvolvimento infantil.

Por fim, a idade da criança, pois é mais fácil tomar decisões quando as crianças são maiores de 3 anos, portanto mais autônomas e com mais competências comunicativas.

Muitas famílias consideram as creches pouco confiáveis, manifestam preconceitos ou imaginam situações-limite de estresse para a criança que vai conviver com muitas crianças, que não terá momentos individualizados e que poderá vir a conviver com pessoas que têm valores diferentes dos seus. Do outro lado, muitas creches também manifestam preconceitos em relações as famílias, pois se apegam a conceitos estereotipados do que é uma "boa família" e deixam de olhar para as mudanças estruturais que vem ocorrendo nesta instituição. É comum ouvirmos professores que enfrentam dificuldades em lidar com algumas crianças culparem a família alegando que esta é "desestruturada". Entendemos que há diferentes formas de uma família se estruturar, entre elas, aquelas em que a mãe é a provedora e centraliza o sustento e a educação de todos os filhos, não necessariamente provenientes de um único casamento. Não é o formato ou tamanho da família e sim a qualidade das relações que se estabelecem dentro dela que determinam boas ou más condições de desenvolvimento para a criança.

São sentimentos e formas de pensar, principalmente em relação às creches que não surgiram à toa, vêm, entre outras coisas, do próprio histórico de atendimento às crianças pequenas.

Um pouco de história

Creches e pré-escolas tiveram origens completamente diferentes. Enquanto as pré-escolas já nasceram no bojo da educação, a partir das ideias de Froebel, na Alemanha, em 1860, as creches nasceram da iniciativa privada, tanto na Europa como no Brasil. Da iniciativa de mães trabalhadoras, igrejas, senhoras da alta sociedade, sindicatos, sem apoio governamental, como forma de atender aos mais pobres. Seu caráter era absolutamente assistencial e filantrópico e o objetivo explícito era a guarda da criança. As creches surgiram como uma demanda do próprio capitalismo, como forma de preservar a criança filha de famílias trabalhadoras, com necessidade de organização social frente à expansão dos centros urbanos e a necessidade da mãe trabalhadora.

Jardim da Infância

O educador Friedrich Froebel (Alemanha; 1782-1852), disseminou a ideia do Jardim da Infância, ambiente educacional que valorizava a infância como a fase mais importante na formação humana. Considerava as brincadeiras como aprendizagem, forma de representação e possibilidade de compreender o mundo.

Ao mesmo tempo em que surgiu para atender à necessidade da mulher operária – uma vez que ela não tinha esta alternativa quanto à guarda de seus filhos – implicitamente carregava a concepção de incompetência familiar, considerando as mães, principalmente, como incapazes de educar seus filhos e de prover-lhes as necessidades básicas. Desta forma, o atendimento em creches caracterizou-se como uma relação de "favor" entre as creches e as famílias.

A creche sempre se caracterizou como uma instituição emergencial, improvisada e um *mal necessário*. Essa concepção era traduzida por um atendimento extremamente empobrecido, de má qualidade, parcos recursos e quadros profissionais sem formação específica, composto, muitas vezes, por voluntários, além, evidentemente, de ausência de legislação específica e de normas básicas de atendimento.

Na década de 1950, coincidindo com o período pós-guerra, no qual era esperado que as mulheres voltassem para casa e cedessem seu lugar para os homens no mercado de trabalho, a psicologia surge fortemente e desenvolve teorias importantes e fundamentais para a compreensão do desenvolvimento infantil saudável. Tais teorias reforçam a ideia de que, para que a criança tivesse um bom desenvolvimento, era necessário que as mães ficassem com seus filhos em casa.

Para Bowlby, psicanalista estudioso da relação dos bebês com os adultos, é fundamental levar em consideração que uma criança precisa ter uma forte relação com pelo menos um cuidador primário para que seu desenvolvimento social e emocional possa ocorrer normalmente. Este autor demonstrou que é uma necessidade básica da criança buscar a proximidade e o contato com alguém específico. As crianças demonstram isso com um comportamento de apego, ou seja, "qualquer forma de comportamento que resulta numa pessoa alcançar e manter proximidade com algum outro indivíduo considerado mais apto para lidar com o mundo" (BOWLBY J. 1989). Chorar, buscar o contato visual, agarrar-se, aconchegar-se, sorrir são algumas das formas da externalização do comportamento de apego. Com isso, a pessoa desenvolve uma base segura a partir da qual pode explorar o mundo.

Spitz, psicanalista que estudou os efeitos de privação materna, em 1945, afirmou que o desenvolvimento infantil fica comprometido e desequilibrado se as crianças vivenciarem condições desfavoráveis (cuidados massificados ou apenas técnicos, por exemplo) durante o primeiro ano de vida e, se isso ocorre, produz um dano psicossomático que não pode ser reparado. Por outro lado, em circunstâncias favoráveis a criança alcança um desenvolvimento infantil saudável. A marca fundamental para que as condições sejam favoráveis é o vínculo com o cuidador, uma ligação que deve ser estabelecida de forma atenciosa e afetiva.

Enquanto esteve vinculada à ideia de "falta" de cuidados da família, a creche se apoiou em modelos de funcionamento de acordo com as concepções de família e maternidade propostas pelos especialistas de diferentes áreas – medicina, serviço social, psicologia, os quais prescreviam as atividades a serem realizadas com as crianças, a organização do tempo, dos ambientes, dos materiais e das interações entre as crianças.

Esta concepção higienista, vigente no início do século XX, preconizava que os cuidados deveriam ser realizados por enfermeiras e outros profissionais da área da saúde. Na década de 1940, as pajens os substituem, pois a ênfase passa a ser na ideia de substituto materno. Preocupação com alimentação, higiene, prevenção de doenças e proteção eram os focos desses atendimentos.

Na década de 1960, com a perspectiva da expansão econômica, as creches ganharam a dimensão preventiva de evitar "transtornos futuros", acelerar o desenvolvimento infantil e compensar a privação cultural que essas crianças passavam por fazerem parte de famílias de baixa renda. Novamente a creche mexe em seu modo de operar e busca na pedagogia suas novas referências.

Como não havia ainda um saber específico voltado para a primeira infância, a ideia de "prontidão" para a alfabetização era a tônica desses novos tempos, a Educação Infantil "importou" jeitos de fazer relacionados a outras áreas de conhecimento e experiências já sistematizadas com crianças portadoras de deficiências, como se todas as crianças das creches e pré-escolas tivessem deficiências ou carências a serem revertidas para que fossem preparadas para o nível de ensino seguinte. Surgem as atividades pedagógicas e os trabalhinhos de coordenação motora. No entanto, pela primeira vez a criança é considerada em sua especificidade. Foram adotadas novas formas de organização do espaço e do tempo e a brincadeira começa a aparecer na creche.

Só mesmo na década de 1970, no Brasil, em especial nas capitais, a rede de creches sofreu uma expansão liderada pelo poder público que – pressionado por movimentos feministas reivindicatórios chamados de "movimento de luta por creches" e pela atuação das camadas operárias – promoveu uma grande expansão da rede de atendimento de baixo custo, ficando as creches diretamente subordinadas às Secretarias do Bem-Estar Social ou aos gabinetes dos prefeitos, ou ainda atreladas às atividades das primeiras damas.

Como exemplo, podemos citar o caso de São Paulo quando, entre 1979 e 1983, foram construídas 120 creches, sem corresponder necessariamente a um bom atendimento.

Segundo Fulvia Rosemberg (2002):

> "A expansão da Ensino Infantil constitui uma via para combater a pobreza (especialmente desnutrição) no mundo subdesenvolvido e melhorar o desempenho do Ensino Fundamental, portanto, sua cobertura deve crescer;
>
> • os países pobres não dispõem de recursos públicos para expandir, simultaneamente, o Ensino Fundamental (prioridade número um) e o Ensino Infantil de forma que para expandir o Ensino Infantil nos países subdesenvolvidos é por meio de modelos que minimizem investimentos públicos, dada a prioridade de universalização do Ensino Fundamental;
>
> • para reduzir os investimentos públicos, os programas devem se apoiar nos recursos da comunidade, criando programas denominados "não formais", "alternativos", "não institucionais", isto é, espaços, materiais, equipamentos e recursos humanos disponíveis na "comunidade", mesmo quando não tenham sido concebidos ou preparados para essa faixa etária e para seus objetivos. Este modelo redundou numa sinergia perversa entre espaço inadequado, precariedade de material

O espaço do bebê hoje

pedagógico e ausência de qualificação profissional do educador, resultando em ambientes educacionais pouco favoráveis ao enriquecimento das experiências infantis. Quando tal modelo de Educação Infantil de massa atingiu o Brasil, o atendimento ainda era muito reduzido e concentrava-se no setor privado."

A partir da década de 1980, como consequência à pressão popular e aos movimentos organizados, principalmente do movimento social, da comunidade acadêmica, e dos profissionais que atuam nos programas de Educação Infantil, houve mudanças nas políticas destinadas à infância, resultando em grandes marcos legais. Dentre eles destacam-se a Constituição de 1988 e a Lei de Diretrizes e Bases da Educação Nacional (9394/96), que reconhecem como dever do Estado o atendimento de crianças de 0 a 6 anos em instituições educativas – creches e pré-escolas. Além desses documentos, as crianças tiveram seus direitos reconhecidos também no Estatuto da Criança e do Adolescente (ECA).

São documentos considerados como marcos legais porque buscam garantir o direito ao atendimento às crianças em creches e pré-escolas, assim como permitem vislumbrar, sem definir ainda, a ideia de atendimento com qualidade, modificando a concepção assistencialista e compensatória vigente até o momento. A expansão do atendimento às crianças em creches e pré-escolas nas décadas de 1970 e 1980 acabou gerando no país um modelo de atendimento pobre para a pobreza, uma educação de baixa qualidade, no sentido de nada oferecer para as crianças que de fato pudesse ser significativo para seu desenvolvimento e aprendizagem.

Conforme nos ajuda a refletir Maria Malta Campos[1]:

"Assim, quando a atual Constituição e depois a nova LDB foram votadas, a oferta de Educação Infantil já era significativa, porém organizada de forma caótica, com diversos

---

[1] *Rescrevendo a Educação – Educação Infantil.*

órgãos oficiais atuando paralelamente, com preocupações predominantemente assistenciais, de forma descontínua no tempo e levando a percursos escolares distintos para crianças de diferentes grupos sociais, sendo as creches geralmente voltadas para as famílias mais pobres, administradas por entidades filantrópicas ou comunitárias conveniadas com diversos órgãos públicos, as crianças ali permanecendo até o ingresso no ensino primário, muitas vezes em condições precárias e sem nenhuma programação pedagógica".

Continuamos a construir a nossa própria história

Não podemos, no entanto, desvincular a discussão entre forma e conteúdo, pois atendimento de baixo custo visando à ampliação imediata de atendimento, acarretará má qualidade.

Sem dinheiro não há salário digno, *"bola e bolo"*[2] como bem sabem pedir as crianças.

Apesar de todo o esforço concentrado que vêm fazendo o MEC, as Secretarias de Educação e os gestores da Educação Infantil, o caminho para que as instituições sejam espaços educativos, com profissionais formados e propostas pedagógicas próprias, ainda está sendo trilhado.

A formação é uma questão sensível. Por um lado a exigência proposta pela LDB de que todos os profissionais da Educação Infantil tenham curso superior é um grande benefício tanto para as crianças que são atendidas nas instituições como para os profissionais que as atendem inclusive para o próprio país, que aumenta seu nível cultural e social.

No entanto, não temos ainda cursos superiores em universidades públicas que atendam a toda a demanda por formação inicial para os profissionais que atuam na Educação Infantil. Também o baixo salário dos professores não lhes permite realizar seus es-

---

[2] Consulta sobre qualidade da Educação infantil – relatório técnico final. Disponível em http://www.fcc.org.br/pesquisa/publicacoes/textos_fcc/arquivos/1337/arquivoAnexado.pdf.

tudos em instituições de qualidade, de forma que criamos uma profissão, a de professor de Educação Infantil, que não tem formação inicial disponível, ainda mais porque os cursos de Pedagogia, que os habilita, em sua maioria não atendem às especificidades da faixa etária de 0 a 3. Com o fim do Magistério e do Curso Normal Superior, não temos instituições superiores que formam professores para assumirem a Educação Infantil.

Por outro lado, é direito dos professores, e isto está garantido na LDB, que haja formação em serviço.

O que diz a Lei

Art. 87

§ 3º O Distrito Federal, cada Estado e Município, e, supletivamente, a União, devem:

III - realizar programas de capacitação para todos os professores em exercício, utilizando também, para isto, os recursos da educação à distância.

O problema que se coloca é que esta capacitação deveria ser oferecida pelas próprias Secretarias Municipais da Educação, que, no caso da Educação Infantil, dispõem de poucos técnicos que, na maioria das vezes, têm as mesmas dificuldades relacionadas à formação inicial dos professores.

Há poucas experiências sistematizadas de formação de professores de crianças de 0 a 3 anos, embora reconheçamos o esforço de muitos municípios em atender a esta demanda, e do apoio do MEC ao oferecer subsídios e diretrizes para que estes programas de capacitação se tornem uma realidade.

Por isso, defendemos que haja a formação inicial dos trabalhadores em educação, especialmente dos professores que atendem as crianças de 0 a 6 anos, nas especificidades da Educação Infantil; que o direito à formação continuada de qualidade e permanente seja garantido e aconteça no bojo das instituições.

Se vislumbrarmos o acesso à Educação Infantil como direito a ser assegurado pela educação pública a todas as famílias que assim o desejarem, esta meta precisa ser clara e equalizada de forma aberta, pois garantir acesso com qualidade é compromisso de todos os brasileiros com nossas crianças. Ao escrever este livro, nossa ideia é justamente auxiliar os professores nesta conquista. Que o livro possa ajudar a Educação Infantil, por meio das práticas de seus professores, e colocá-la como foco de investimento financeiro e de formação, que se perceba que é nela que as crianças podem ter seu direito à educação assegurado dignamente, que a Educação Infantil é uma alternativa ao desenvolvimento seguro e saudável das crianças e uma necessidade básica a ser atendida.

Enfim, o bebê pode ir à creche e esta pode ser uma boa opção!

Fonte: CEI São Cesário/Liga Solidária - SP

O espaço do bebê hoje

Referências bibliográficas

BOWLBY J. *As origens do apego*. In: **Uma base segura: aplicações clínicas da teoria do apego**. Porto Alegre: Artes Médicas, 1989.

CAMPOS, Maria Malta. **Consulta sobre qualidade da Educação infantil – relatório técnico final**. São Paulo: FCC/DPE, 2006.

CAMPOS, Maria M. *Educação Infantil*. In: **Reescrevendo a educação: propostas para um Brasil melhor**. São Paulo, Ação Educativa. Disponível em <www.acaoeducativa.org.br>. Acesso em 13 jun. 2006.

CARVALHO, Silvia M. Pereira de. **Diretrizes de educação infantil em um órgão de assistência**. Dissertação (Mestrado em Psicologia da Educação) – Pontifícia Universidade Católica de São Paulo. 1995.

HADDAD, L. **A creche em busca de sua identidade: perspectivas e conflitos na construção de um projeto educativo**. 332p. Dissertação (Mestrado em Psicologia) – Instituto de Psicologia, Universidade de São Paulo, São Paulo. 1989.

KUlMANN Jr., Moysés. Histórias da educação infantil brasileira. Fundação Carlos Chagas, São Paulo. **Revista Brasileira de Educação 5.** Disponível em <http://www.anped.org.br/rbe/rbe-digital/RBDE14/RBDE14_03_MOYSES_KUHLMANN_JR.pdf> Acesso em 10 jun 2011.

MINISTÉRIO DE EDUCAÇÃO E CULTURA. Brasília/Distrito Federal. **Por uma Política de Formação Profissional de Educação Infantil**. Textos das palestras proferidas no encontro técnico de formação do professor de educação infantil, realizado no Instituto de Recursos Humanos João Pinheiro, em Belo Horizonte, abril, 1994.

RAPOPORT, Andrea & PICCININI, Cesar Augusto. **O Ingresso e Adaptação de Bebês e Crianças Pequenas à Creche: Alguns Aspectos Críticos**. Universidade Federal do Rio Grande do Sul. Psicologia: Reflexão e Crítica, 2001, 14(1), pp. 81-95.

ROSEMBERG, Fúlvia. Organizações Multilaterais, estado e Políticas de Educação Infantil. *In* **Cadernos de Pesquisa**. Fundação Carlos Chagas, Pontifícia Universidade Católica, n. 115, março/2002. ∎

2 As primeiras relações – uma questão crucial para o bebê

Entendemos e justificamos aqui a creche como um ambiente possível para o desenvolvimento da criança pequena. Antes de pensarmos em como pode ser organizado esse ambiente para que ofereça um atendimento de qualidade, é necessário responder: *quem é a creche para o bebê? Que lugar ela ocupa na história do bebê?*

Quando falamos em bebê, falamos sempre de mais alguém, aquele com quem o bebê está, aquele que para ele olha e que dele se ocupa, pois é incapaz de sobreviver sozinho. Essa é a realidade da qual devemos partir para pensar na criança em seus primeiros meses e anos de vida: existe sempre um outro do bebê. Seja na família – a mãe, o pai, a avó, a babá; seja no hospital – a enfermeira ou berçarista; seja na creche – a educadora que por ele se responsabiliza. Podemos até encontrá-lo sozinho no berço por longas horas, mas alguém ali o colocou. Podemos encontrá-lo sozinho engatinhando por uma sala, escondendo-se embaixo do sofá, mas alguém vai descobri-lo e ajudá-lo a sair de lá.

Este "alguém" é mais do que aquele que põe e tira o bebê do lugar, que troca, alimenta, conversa e brinca. É alguém que tem funções importantes na constituição psíquica e o desenvolvimento da criança. É importante pensarmos que esse outro, adulto, é quem insere o bebê no mundo e em suas infinitas possibilidades. É ele quem o nomeia, quem lhe oferece um lugar, oferece um ambiente no qual vai se desenvolver, oferece oportunidades de experiências e aprendizados, insere-o no universo das regras e dos valores da cultura. Enfim, apresenta-lhe o mundo e o ajuda a fazer parte dele.

Às vezes esse é um processo que parece mágico, pois, "de repente, o bebê começa a andar", "de uma hora para outra, começa a emitir palavras com significado", "de repente, passa a exigir coisas e impor suas preferências". Sabemos que não é mágica, mas resultado de um processo cheio de detalhes importantes que acontecem desde o nascimento na relação entre o bebê e os seus vários outros, e que resultam no surgimento de um ser único, um sujeito[3] capaz de crescer, se desenvolver e ocupar um lugar próprio no mundo.

É um processo complexo. Podemos dizer que são vários processos que ocorrem ao mesmo tempo e que se articulam para que o bebê possa existir, se desenvolver, crescer, tornar-se uma criança, tornar-se humano.

> "O tornar-se humano é marcado pela imersão permanente do homem em um mundo simbólico e em um processo social contínuo e compulsivo de dar e criar sentidos. Nas interações com os outros e com o mundo, em um determinado momento e contexto sócio-histórico, o homem/a mulher constrói seus significados, suas relações e a si próprio(a) enquanto sujeito. Suas relações e seu acesso ao mundo são, pois, interceptores pelo outro da linguagem, imersos que estão em sua malha de significações. É a partir dessa malha que os captura, que os outros interpretam a criança desde antes do nascimento, lhe atribuem determinados papéis, tem para com ele/a determinadas expectati-

---

[3] "Da perspectiva da referência teórica Psicanalítica, o sujeito é uma instância psíquica inconsciente, que se constrói, desde o início da vida de uma criança, a partir de um campo social preexistente – a história de um povo, de uma família, do desejo dos pais –, mas também a partir dos encontros, das intercorrências e dos acasos que incidem na trajetória singular da criança. Do campo da cultura e da linguagem virão as chaves de significação em torno das quais a criança deverá construir para ela própria um lugar único. Desse processo, surgirá o sujeito psíquico, aqui concebido como um elemento organizador do desenvolvimento da criança em todas as suas vertentes – física, psicomotora, cognitiva e psíquica". (Jeruzalinsky, 2008).

vas, constroem para ele/a determinados contextos de desenvolvimento. Dessa maneira a constituem para o mundo assim como constituem o mundo para ela"[4].

Fonte: CEI São Cesário/Liga Solidária - SP

---

[4] O tornar-se Humano - Maria Clotilde Rossetti Ferreira. Faculdade de Filosofia, Ciência e Letras de Ribeirão Preto, USP. Mimeo

O bebê enquanto sujeito: uma visão de várias dimensões

Ao nos referirmos ao bebê, na perspectiva de pensar neste processo de constituição do sujeito, incluímos tanto os aspectos de condições ambientais (ambiente físico, material e relacional) e orgânicas (constituição e funcionamento físico e fisiológico), quanto os aspectos simbólicos que o determinam: o lugar que ocupa na família, os mitos familiares, as ações realizadas em função do bebê, o que se fala dele, os sujeitos desses discursos, os desdobramentos desses campos discursivos[5] a partir dos primeiros contatos, enfim, o que se pode falar a respeito dele e por ele.

Não podemos nos limitar a dizer que basta cuidar e responder às necessidades físicas de um recém-nascido para que ele cresça saudável, pois não basta um corpo saudável, biologicamente organizado e programado para funcionar; é preciso ocupar-se dele, atribuir significados, responder às suas primeiras demandas, ter expectativas sobre suas ações e reações, e situá-lo na cultura por meio do desejo daqueles que cuidam dele.

Ao mesmo tempo, falar desses cuidados iniciais é fundamental.

Em *Projeto para uma Psicologia Científica*, Freud (1995) busca descrever o processo psíquico da experiência de satisfação, ou seja, busca o entendimento do que acontece psiquicamente enquanto, por exemplo, o bebê sacia sua fome tomando leite. Nesta tentativa de descrever uma experiência tão dificilmente mensurável, ele se refere a uma intervenção necessária para eliminar a tensão do organismo do bebê:

> "Essa intervenção exige uma alteração do mundo externo (aprovisionamento de alimento, proximidade do objeto de satisfação) que, enquanto ação específica, só se pode efe-

---

[5] Consideramos aqui como campo discursivo, os discursos produzidos pelas diferentes áreas de conhecimento, por exemplo o discurso da Saúde, o discurso da Educação, o discurso da Filosofia etc.

tuar a partir de determinados caminhos. O organismo humano é no início incapaz de levar a cabo a ação específica. Ela se efetua por ajuda alheia, na medida em que, através da eliminação pelo caminho da alteração interna, um indivíduo experiente atenta para o estado da criança".

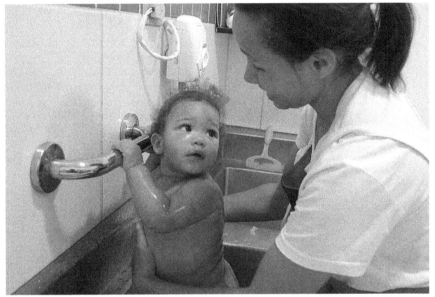

Fonte: CEI São Cesário/Liga Solidária - SP

Consideramos que essas *ações específicas*, são o que, no senso comum, chamamos de cuidados básicos ou resposta às necessidades primordiais do bebê – alimentação, conforto, cuidados com higiene etc. O organismo humano é, no início, incapaz de responder a um estado de tensão fisiológica sozinho; o bebê é extremamente dependente do adulto para sua sobrevivência. Por meio dessa afirmação de Freud, em que ele nomeia esse outro como *indivíduo experiente*, podemos começar a caracterizar o outro primordial do bebê. No início da vida do bebê, fica mais evidente que o outro está associado aos cuidados físicos, porém, é impossível estabelecer uma separação entre o que é orgânico, simbólico e psíquico.

Para esclarecer essa complexidade que é o processo de tornar-se e ser um bebê, nos apropriaremos aqui da ideia de "montagem do humano", desenvolvida por Rosa Mariotto, em seu trabalho "Cuidar, Educar, Prevenir: as funções da creche na subjetivação de bebês":

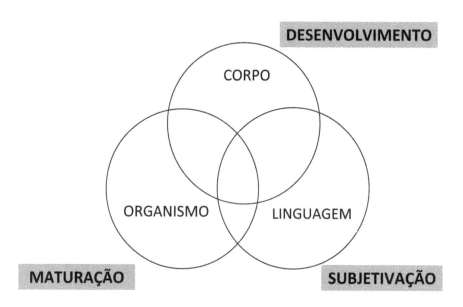

Impossível isolar algum aspecto neste processo. Falar de corpo que se desenvolve, que cresce e adquire habilidades complexas é falar do organismo que regula esse corpo e seus diferentes sistemas fisiológicos; assim como é falar de linguagem, de interação desse corpo e organismo com uma cultura, com códigos sociais, com afetos e ações significativas. O corpo não se desenvolve sozinho sob a ação do tempo. Precisa ser nutrido, mantido em conforto, protegido. Para que haja nutrição é preciso um organismo que a processe, mas nada disso acontece sem a interação humana do bebê com um adulto, que além de oferecer o alimento necessário e adequado, de controlar as ações fisiológicas, fala e olha para essa criança dando sentido a cada um desses aspectos.

> "Não há dúvida quanto à existência de um corpo fisiológico que obedeça às leis da neurofisiologia, como não pode mais haver desconfiança quanto ao fato de que, uma vez

> *que este organismo esteja exposto às exigências do meio natural e simbólico, esses aspectos participem e auxiliem na montagem das configurações nervosas e no mapeamento das estruturas mentais"* (MARIOTTO, 2009).

Sabemos que o discurso corrente sobre a criança enfatiza sempre o desenvolvimento e as aquisições de habilidades, para caracterizá-la em cada etapa da vida. Na creche, isso também ocorre; portanto, muitas vezes remetemo-nos apenas a esses referenciais – maturativos ou comportamentais. Porém, o que gostaríamos de deixar marcado é que neste momento também está ocorrendo o processo de estruturação simbólica ou constituição psíquica como citamos anteriormente. O processo de um ser que se torna um bebê e passa a fazer parte da comunidade humana.

No discurso do trabalho com crianças e no acompanhamento de suas vidas, diz-se muito *"ele já senta"*, *"está sorrindo"*, *"aprendeu a comer sozinho"*, *"já reconhece a educadora"* etc. Valoriza-se cada nova ação, assim como são feitas comparações, classificações, de forma corriqueira. Esses reconhecimentos são fundamentais, assim como é importante reconhecer que o bebê tem sua maneira própria de olhar o mundo. E ele pode nos contar, ou melhor, nos revelar por meio da relação com o outro, como isso acontece, e não apenas o que ele faz, aprende e como conquista seu espaço. Acreditamos que, para que o bebê consiga abrir espaço concretamente, no chão, no grupo, na sala, no mundo, foi preciso preencher espaços psíquicos, organizá-los, nomeá-los e fazê-los funcionar na complexa tarefa de se tornar um sujeito. E essa tarefa foi feita em conjunto com o adulto, o que a psicanálise denomina de *Função Materna*.

Função materna não é o papel exercido unicamente pela mãe, mas uma função simbólica exercida pelo adulto que dela se ocupa, que com ela fala, para ela olha e dá significados às suas ações e reações, nomeando-as. O bebê precisa dessa voz, desse olhar, desse corpo que o segura e acolhe, sendo, cada uma dessas ações, elementos estruturantes em um complexo processo.

Como reconhecer as características subjetivas de cada bebê e não apenas os comportamentos facilmente observáveis, como andar e falar? Aguçando nossa escuta, nosso olhar. Talvez possamos, então, destacar falas de outra ordem, que não sobre ações concretamente observáveis, tais como: *"esse bebê só sentou depois que saiu do colo e ficou sozinho com seus brinquedos"*, ou *"tem medo quando chega a um ambiente cheio de gente, parece achar que sua mãe vai embora"*, ou ainda, *"mamar para ela é seu momento de tranquilidade, quando está plena e inteira"*. Enfim, quando lançamos o olhar sobre o bebê de poucos meses que frequenta a creche, existe a possibilidade de localizar o educador como uma das faces do outro primordial, exercendo a *Função Materna*.

Embora não compartilhemos da ideia quanto ao papel da creche como substituta do ambiente familiar, consideramos, isso sim, que ela é suplementar à família e que tem suas especificidades. Importante distinguir o que é próprio de cada um desses papéis – família e creche; mãe e educador – podendo inclusive apontar similaridades. É importante considerar alguns aspectos da função do educador de creche como fundamentais no estabelecimento de uma relação consistente, como a qualidade do olhar que dirige à criança, a atenção por ela solicitada e os diferentes papéis que pode desempenhar: não apenas o papel de suplemento à *Função Materna*.

Ainda a respeito do processo de estruturação subjetiva, é fundamental fazer referência à outra função também exercida pelo adulto que se ocupa da criança, a *Função Paterna*.

Função Paterna não é exclusivamente exercida pelo papel do pai, mas por aquele que insere a lei e a ordem, põe limite, separa a criança da mãe, determina as regras de convivência. Trata-se de um registro que a criança tem progressivamente da presença de uma ordem de coisas que não depende da mãe, embora essa ordem possa ser transmitida por ela. É uma ordem terceira que toma a forma de normas e regras que introduzem a negativa. *"Isto pode, isto não pode"*.

Para sair do ambiente familiar e passar a pertencer a um grupo social é preciso que aconteça essa separação, que o bebê seja confrontado com limites, que seja circunscrito em um lugar único, próprio. Da mesma forma que nos referimos ao educador como aquele que pode exercer a *Função Materna*, também o identificamos como agente da *Função Paterna*. É sob essa função que o adulto faz a criança esperar quando precisa, diz não, escolhe pegar outro bebê antes dele, determina alguns momentos da rotina a seu modo e da instituição, coloca condições e regras para se relacionar com os objetos e as pessoas.

Ao escutar os educadores de creche que lidam com o bebê, podemos identificar falas sobre o desenrolar dos acontecimentos que marcam a trajetória inicial do tornar-se sujeito, dando relevância aos aspectos subjetivos implicados em cada relação estabelecida junto à criança. E que, fazem parte desse processo de constituição psíquica, tais como: pensamentos específicos sobre cada bebê, representações pessoais que fazem sobre o próprio trabalho de educador, traços de envolvimento emocional desse educador, identificações, ansiedades, expectativas, nomeações, crenças e representações sobre a criança com a qual está envolvido (CARVALHO 2001). Enfim, caracterizam a participação do educador na vida da criança de creche.

Cada educador tem seu jeito de contar a história de uma criança, tem sua opinião sobre o trabalho, sua concepção de infância, educação, maternidade. Ao realizarmos um trabalho cotidiano, nem sempre identificamos todo desdobramento de cada ação, afinal, muitas vezes se troca e se alimenta uma criança de forma automática, sem se dar conta de tantos processos que estão acontecendo concomitantemente.

Portanto, na compreensão e definição do espaço creche, compartilhamos da visão de que é possível promover um atendimento de qualidade em seus vários aspectos, concebendo a creche como, além de provedora, espaço de desenvolvimento, socialização e aprendizagem – e espaço de formação psíquica de cada sujeito.

Embora haja um discurso coletivo que leva a uma visão não particular da criança, quando se fala *"os bebês são todos assim"*, é possível haver na creche, uma caracterização dos bebês enquanto seres únicos, ou seja, a constatação de que *"cada um é cada um"* com seu mundo subjetivo específico. Quem lida o dia todo com o bebê pode aos poucos valorizar pequenas diferenças, por exemplo, ser capaz de identificar pequenas mudanças no seu comportamento, prevendo uma doença a caminho ou alguma tristeza referente a acontecimento familiar, tais como: *"ele hoje não está bonzinho. Quando fica assim, mais manhoso, é porque está ficando doente"* ou *"ela chegou muito séria e só quer colo, da última vez que chegou assim foi porque sua mãe estava muito nervosa e ralhou com ela"*.

É preciso ter um olhar e uma escuta atenta à criança, para que se possam identificar essas e outras peculiaridades: *"quando ela dorme no colo, segura, acaba pegando na roupa, acho que dá segurança pra ela"*, *"estamos tão acostumados com eles que sabemos quando não estão bem"*. Por tratar-se de bebês, o olhar é mais aguçado, é sensível a pequenos sinais que podem dar dicas sobre como dirigir-se a eles e estar com eles ou sobre o que oferecer. A aproximação se dá, tanto por meio desse olhar aguçado que leva o educador a levantar hipóteses e a fazer afirmações categóricas sobre a criança, quanto pelos sentimentos que essa relação suscita, em uma comunicação mais subjetiva: *"você conhece a criança por meio do gesto, do choro, de sinais, é mais isso"*, *"a gente aprende com eles"*, *"tem que estar alegre, sorridente, para as crianças também ficarem felizes"*.

Apontamos como elementos fundamentais, a observação e a aproximação, que requerem disponibilidade para ouvir, conhecer e se colocar em função das necessidades do bebê. Neste caso, o educador consegue fazer afirmações de que ele transmite segurança ao bebê ou até de que o bebê pode entrar em sintonia com o adulto.

Princípio básico de um atendimento de qualidade, disponibilidade e cuidado no estabelecimento de vínculo entre bebê e adulto é fundamental – esta é uma afirmativa feita por diferentes pesquisadores interessados no tema. Para reforçar essa ideia, citamos Falk (2004) em seu trabalho sobre a experiência Lòczy e sobre o que entendem por princípios de uma boa educação de 0 a 3:

> "Uma relação afetiva de qualidade entre adulto e criança; o valor da atividade autônoma da criança como motor do seu próprio conhecimento; a regularidade nos fatos, nos

espaços e no tempo como base do conhecimento de si próprio e do entorno; a dimensão extraordinária da linguagem como meio de comunicação pessoal; a compreensão inteligente das necessidades da criança".

Para que isso ocorra é imprescindível que se possa garantir encontros individuais e constantes entre adulto e criança. Encontros que sejam exclusivos, de intimidade entre essa dupla, para que se olhem de perto, para que o adulto possa falar dirigindo-se ao bebê e relatar suas ações com ele – por meio das quais a criança aprende a esperar por ele justamente por ter essa experiência de exclusividade. Na pedagogia Lòczy, essa proximidade relacional também é denominada de *aleitamento relacional*, um nome sugestivo que se refere aos fluxos sensoriais que alimentam a criança neste momento em que ela está "cativa" e sensível a esse adulto. O toque, a voz, o olhar, o olfato, todos os sentidos ajudam a tornar esse momento exclusivo e fundamental. Outro termo sugestivo que remete aos sentidos é o "*envelope sonoro*" que envolve a criança durante essas enunciações em que o cuidador antecipa suas ações junto ao bebê, contando cada gesto e atitude: "*vou passar esse algodão no seu pescoço porque está sujo*", "*vamos esticar esse braço devagar para colocar a roupa, assim, bem devagarinho vou puxar essa manga...*".

Entende-se aqui, como necessidade, que a criança pequena tenha um ou dois adultos como referência (no caso das creches, podemos pensar em pelo menos um por período) e por muito tempo, para estabelecer com eles uma relação de continuidade, uma relação de confiança e muito conhecimento mútuo.

O educador se vincula ao bebê com o olhar de quem supõe, prevê, transfere significados à comunicação da criança. Certa vez, uma educadora, ao falar de seus sentimentos e da forte ligação que estabelece com os bebês, disse: "*a gente cuida, põe amor neles, a gente gosta*". Pôr amor na criança, podemos entender como não apenas tratar-se do afeto que se dirige à criança, ao lidar com ela, mas da crença de que o educador coloca algo nela, deposita sentimentos e representações que passam a ser da criança. Pensamos que uma das interpretações possíveis é que, ao "pôr amor nos bebês", a educadora está se colocando no lugar daquele que tem a possibilidade de fazer o outro desejar, a possibilidade de olhar o bebê de forma a constituí-lo como sujeito.

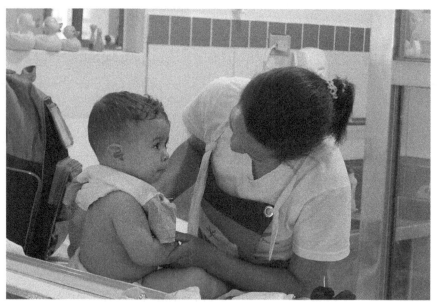

Fonte: CEI São Cesário/Liga Solidária - SP

Reconhecemos que, quando se fala em bebês e creche, há necessidade de entender esta instituição como um elemento que atua na constituição do sujeito. Um elemento que ajuda a compor, de maneira própria, o universo de determinadas crianças, mais especificamente aquelas que frequentam creche. O que queremos dizer com isso, é que a creche, enquanto instituição de educação, com sua história, suas representações e características próprias, de acordo com o contexto ao qual pertence, ocupa um lugar definido na vida da criança. A creche é o lugar do cuidado, da convivência e da educação, é um lugar marcado enquanto espaço público e, portanto, espaço coletivo. Além disso, a creche é representante do campo do outro, universo simbólico da linguagem e da cultura, elemento fundamental para o advento da constituição subjetiva. E finalmente, pode ser lugar da subjetividade, pois o universo simbólico vai ser "lido" e "vivido" por cada um, de maneira própria.

Se antes ouvimos falar muitas vezes na visão da creche como um "mal necessário", aqui queremos falar de creche como realidade, como um "bem necessário" e possível de ser sempre aperfeiçoado, de creche como um ambiente com o potencial de ajudar as crianças a se estruturarem psiquicamente, fazê-las crescerem, aprenderem e se desenvolverem, constituindo-se como sujeitos.

Como vimos, a ação da creche é resultado de um complexo processo histórico, que avançou e retrocedeu inúmeras vezes até conquistar um "lugar ao sol" na legislação para a educação. Assim como a história da creche, que depende de política e contexto social, tornar-se sujeito depende de muitos fatores, entre eles, da subjetividade daqueles que se ocupam primordialmente do bebê. Estabelecemos essa aproximação entre creche e subjetivação (tornar-se sujeito), porque é assim que entendemos o campo que se cria entre educador de creche e bebê: um processo singular e dialético, uma constante interação potencialmente transformadora.

Entre as diversas experiências vividas pelo bebê, podemos destacar que, enquanto o educador estabelece com ele uma **relação episódica**, a mãe tem uma **relação histórica.** Quer dizer, o educador, ainda que permaneça por muitas horas durante vários anos com o bebê e figure por longo tempo em sua memória, vai pertencer à sua vida enquanto o bebê estiver frequentando a creche. Já a mãe, que estabelece um vínculo marcado por eventos anteriores ao nascimento do bebê, será sempre parte de sua identidade. Ou seja, quando o educador entra na história da criança, já há a marca do desejo dos pais em seu caminho, já iniciado, para tornar-se sujeito. Paralelamente, na busca de similaridades, quando descobrimos aspectos bastante próximos em cada um dos campos discursivos estabelecidos em torno do bebê, como o cuidado fundamental e o olhar que nomeia e constitui, fica claro que o educador, enquanto representante da creche, não exerce apenas funções denominadas do outro primordial. Exerce sim, funções simbólicas alternadas, tanto Materna quanto Paterna, e, portanto, tem um papel próprio no processo constitutivo do bebê.

Enfim, isso tudo contribui para o entendimento da creche enquanto lugar da infância, que ajuda a garantir que esta seja tratada de forma cada vez mais cuidadosa e responsável pelas marcas que deixa na constituição do humano.

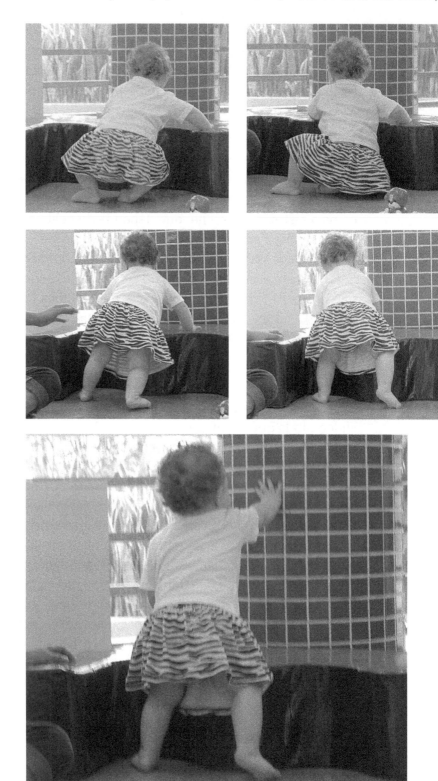

Fonte: Espaço Bebê – Clube Hebraica - SP

Referências bibliográficas

CARVALHO, Maria Teresa V. de. **A creche, um elemento a mais na constituição do sujeito**. Dissertação (Mestrado em Psicologia) – Instituto de Psicologia, Universidade de São Paulo, São Paulo. 2001.

FALK, Judith (org.). **Educar os três primeiros anos: a experiência Lóczy**. Araraquara: JM Editora, 2004.

FREUD, Sigmund. **Projeto de uma psicologia**. Rio de janeiro: Imago, 1995.

INFANTE, Domingos Paulo. **A Formação da subjetividade da criança**. Texto didático, sem referências, utilizado como apoio em seminários no Instituto da Criança do Hospital das Clínicas ou em supervisões clínicas ministrados pelo autor, 1998.

JERUZALINSKY, Alfredo. **Pesquisa multicêntrica de indicadores clínicos de risco para o desenvolvimento Infantil** (Desenvolvimento Infantil da concepção aos três anos de idade). Contribuições do II workshop da FMCSV, 2008.

MARIOTTO, Rosa Maria Marini. **Cuidar, educar e prevenir: as funções da creche na subjetivação dos bebês**. São Paulo: Escuta, 2009.

ROSSETTI-FERREIRA, Maria Clotilde. O tornar-se humano. Caderno de **Pedagogia do Centro Universitário Moura Lacerda**, Ribeirão Preto, v. 4, p. 28-33, 1999. ∎

3 A importância do acolhimento ao iniciar a vida fora de casa

O processo de inserção de crianças pequenas no âmbito institucional, comumente chamado de processo de adaptação, requer cuidado específico. No trabalho em creches, entende-se por cuidado com a adaptação, a tentativa de amenizar os impactos e as dificuldades inerentes ao enfrentamento de situações novas, como entrada de crianças, mudanças de grupo, substituição de educadores, saída de crianças para outra instituição, mudanças no funcionamento cotidiano etc.

Aqui, vamos nos deter exclusivamente aos fatos relacionados com a entrada de bebês, portanto, que dizem respeito tanto a eles e a suas famílias, como à instituição. É o período considerado necessário para que a criança se familiarize com o contexto da creche, assim como a família e a instituição passem a se conhecer, vindo a estabelecer um bom relacionamento. Essa preocupação parte do princípio básico de que a criança precisa ser cuidada, rodeada de afeto, respeitada em suas diversas necessidades e que a separação mãe-bebê pode gerar sofrimentos e dificuldades no estabelecimento de novas relações.

O novo, mesmo quando desejado e esperado, sempre causa estranhamento, surpresas, receios. E isso não apenas quando somos bebê, mas por toda vida encontraremos situações com as quais vamos precisar de um tempo de acomodação ou experimentar algumas mudanças em nós mesmos.

Cabe ressaltar que a incorporação de cada nova criança à estrutura da instituição provoca mudanças naturais e necessárias no seu funcionamento cotidiano, envolvendo diferentes personagens, como a criança, a família, os educadores e os demais funcionários da creche.

Fonte: CEI São Cesário/Liga Solidária - SP

Destacaremos três aspectos principais na reflexão sobre o tema adaptação:

- a separação mãe-bebê e suas consequências;
- as mudanças na dinâmica institucional;
- os principais procedimentos que podem marcar esse período.

Adaptar-se, do ponto de vista psicológico, significa utilizar as experiências de vida de modo positivo, como uma bagagem pessoal; poder sentir medo frente ao desconhecido, porém sem ser dominado e paralisado para sempre por ele. Adaptar-se significa somar-se a um novo contexto.

A importância do acolhimento ao iniciar a vida fora de casa

Das relações em uma instituição de educação, enfatizamos a importância do momento de separação de uma criança que "parte para o mundo", deixando para trás suas primeiras relações, e a necessidade de se construir um trabalho integrado, em equipe, dando o devido valor à bagagem individual de cada um. O espaço é coletivo, mas o momento é individual para cada criança. Cada um tem seu modo de enfrentar a novidade, de reagir. Enquanto alguns bebês grudam na mãe, assustados com o ambiente, outros se "atiram" à novidade do espaço e das pessoas.

Quando falamos em momento de separação, não estamos querendo localizar um momento único, determinado e estanque, como se a separação ocorresse como um corte abrupto. A separação é composta por uma série de elementos que vão determinando a mudança na rotina da criança que passa a conviver com outras pessoas, que não aquelas – geralmente a mãe – com quem esteve ligada durante a maior parte de sua vida.

Portanto, se é um processo, inclui tempo de conhecer, tempo de decidir, tempo de preparar e tempo de vivenciar o novo. Um processo não é necessariamente linear e previsível. A criança que "se atirou" no espaço desde o primeiro momento, pode vir a estranhar, depois que a novidade acabar e aí não querer mais largar a mãe, ainda que tenha gostado do lugar. Em outras palavras, saber de onde a criança vem e para onde vai, o que a família e a instituição querem e podem esperar uma da outra, de que forma será feita a inserção e o que a criança precisa saber sobre ela. O tempo de vivenciar o novo, se realizado de forma gradual e bem cuidada, pode ser tempo de criatividade, de descoberta, e não apenas de receios, traumas, dificuldades. Além disso, separar-se, principalmente no caso do bebê e sua mãe, é necessário, é possibilidade de crescimento, de utilizar os recursos psíquicos próprios para apropriar-se do mundo. É rumar para a construção da autonomia.

Se estamos aqui relacionando a ideia de adaptação às vivências psíquicas de separação, é por considerarmos como uma das definições possíveis para a ideia de adaptação, a que diz respeito à possibilidade de enfrentar situações novas e de prosseguir com diferentes experiências no cotidiano, sem deixar de se perceber como sujeito único, ou seja, mantendo identidade e desejos próprios, ainda que atrelados ao desejo do outro. Isso não desconsidera a vivência de momentos de insegurança, medo ou dificuldades temporárias de inter-relação com o novo. Afinal, essas experiências, se elaboradas e superadas, fazem parte de um mecanismo saudável de crescimento pessoal. Cabe aqui lembrar do que dissemos anteriormente sobre a *Função Materna*, pois se bem exercida nos momentos iniciais da vida da criança, ou seja, se houve acolhimento e respostas adequadas às demandas do bebê, maior a possibilidade de poder sentir-se confiante e seguro para enfrentar a separação. As dificuldades nem sempre devem ser evitadas, mas enfrentadas de maneira a gerar crescimento e aprendizado.

Nem todas as crianças sofrem neste momento.

> "Existem diferenças nas reações das crianças à separação materna prolongada. Enquanto algumas crianças parecem desenvolver-se normalmente após uma experiência de separação e perda, outras apresentam dificuldades para superar estas situações. Segundo Bowlby, isto pode ser explicado por fatores constitucionais, pelas condições nas quais a criança recebe cuidados quando afastada de sua mãe e pela qualidade da relação que mantém com os pais antes e depois da separação" (RAPOPORT & PICCININI, 2001).

O que significa que não existe um modo único de reagir, sendo necessário que o professor conheça a criança e esteja preparado para situações sempre novas e até inusitadas. Cada criança é um universo a ser compreendido em todas as suas dimensões.

Lembremos que se mesmo para os adultos as separações e mudanças causam estranhamento, o que se dirá das crianças que estão em pleno processo de formação psíquica e para quem tudo é uma novidade...

É esperado que, diante do novo, a criança se apegue ao conhecido, que busque conforto naquilo que faz parte de seu universo. A relação com a mãe e familiares é seu maior conforto, por isso os grudes e choros na hora da separação.

Fonte: CEI São Cesário/Liga Solidária - SP

Por que largar o que eu gosto se eu não sei o que virá?

Como ter certeza de que minha mãe vai retornar?

Quem são essas pessoas que se ocupam de várias crianças ao mesmo tempo?

É preciso dar tempo para que essas perguntas possam ser respondidas. Com o tempo, a experiência com a novidade e o estabelecimento de uma rotina conhecida, é que a criança poderá ter a certeza de que no final do período sua mãe retorna; que sua casa não é aquela; que pode gostar dali e se arriscar a conhecer outras pessoas, outras coisas, outras situações. Esse é um tempo de conhecer, de estabelecer vínculos e poder confiar no outro.

O bebê precisa conquistar seu espaço, mas antes precisa ser conquistado por ele, conquistado por essas novas pessoas e interessar-se pelas novas situações. Não é a toa que dizemos que diante do novo, o bebê fica desconfiado – afinal, "desconfiado" é estar sem confiança, é ter a impressão de que não se pode ainda ficar a vontade, que algo ruim pode acontecer. Só experimentando o novo e percebendo que ele pode ser bom, prazeroso, interessante e atraente é que a criança pode passar a aceitar a novidade e considerar tudo aquilo como seu também. Só com o tempo e essas boas experiências o bebê poderá largar sua mãe, dizer tchau, interessar-se pelas novidades, largar o que é conhecido e seguro para lançar-se a novos aprendizados.

A adaptação deve ser vivida como um momento de transição: de passagem do conhecido para o tempo de conhecer, para o tempo de se apropriar do novo, ou seja, tornar seu o que ainda é estranho. Por isso é comum vermos algumas crianças que já conseguiram deixar a mãe ir embora continuarem apegadas a objetos ou brinquedos que trouxeram de casa: aquele que fica agarrado a sua mochila onde estão seus pertences trazidos de casa; aquele que fica agarrado ao seu bicho de pelúcia, um brinquedo ou mesmo um pedaço de fralda, um objeto que pertence a mãe. No universo das creches e dos bebês, são os chamados "nanás", "cheirinhos", bichos que tem nomes próprios e dos quais não se pode separar, pois são eles que lembram a mãe, que representam a própria casa, que tem o cheiro da família e representam o que já é conhecido. Chamados de *objeto de apego*, ou como nomeou Winnicott, de *objetos transicionais*, são objetos escolhidos pelas crianças por terem algum significado e podem ser largados quando outras coisas ou experiências puderem substituí-los. Isto requer tempo, assim como trabalho da creche, que como dissemos, precisa conquistar o bebê, fazê-lo sentir que ali também é o seu lugar.

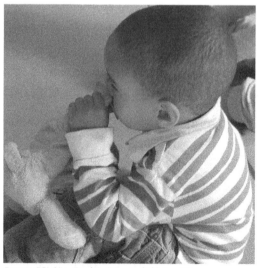

Fonte: CEI São Cesário/Liga Solidária - SP

Já que falamos em lugar, passaremos ao segundo aspecto do tempo de adaptação: o espaço institucional, suas interações e sua dinâmica. Para pensarmos neste assunto, lançaremos mão de outra perspectiva teórica, que não a Psicologia ou Psicanálise, que muito tem contribuído para as pesquisas sobre adaptação de bebês em creches. Adotaremos a perspectiva sociointeracionista (OLIVEIRA & ROSSETTI FERREIRA, 1993) que propõe uma rede de significações, para compreender o desenvolvimento humano. Nesta perspectiva, fundamentada em teóricos como Vygotsky e Wallon, considera-se o processo de interação como base do desenvolvimento humano.

Destacamos, desta definição, as ideias de que

> "O desenvolvimento é um processo que se dá do nascimento até a morte, dentro de ambientes culturalmente organizados e socialmente regulados, através de interações estabelecidas com parceiros, nas quais cada pessoa (adulto ou criança) desempenha papel ativo" (OLIVEIRA & ROSSETTI FERREIRA, 1993).

O ambiente é culturalmente organizado, ou seja, sempre que se recorta para análise uma situação de interação, é fundamental levar em conta o contexto cultural da situação considerada. Nessa perspectiva, também se dá grande valor à dimensão do tempo como componente dos processos dinâmicos vividos pelas pessoas:

> "O processo de desenvolvimento se dá através da dinâmica segmentação e unificação de fragmentos de experiências passadas, percepções do momento presente e projeções de expectativas futuras. E, ainda, esse processo se faz através da articulação entre a imitação de modelos (fusão, repetição e ações) e o confronto entre eles (diferenciação, criação), interligados às necessidades, aos sentidos e às representações de cada pessoa"(OLIVEIRA & ROSSETTI FERREIRA, 1993).

O momento do ingresso de bebês na creche

> "envolve fundamentalmente o encontro de dois contextos (casa/creche) bastante diferentes, o que provoca intensas reorganizações nos relacionamentos, práticas e concepções existentes, tanto na família como na creche, podendo instigar confrontos e conflitos em seus vários elementos" (OLIVEIRA & ROSSETTI FERREIRA, 1993).

Esses vários elementos são, em primeiro plano, os personagens envolvidos na situação, basicamente a criança, os membros da família, os professores e demais funcionários da creche. Além das pessoas que compõem estes contextos – casa e creche –, eles também são definidos pelo ambiente físico, pelas respectivas rotinas e práticas, pelas características dos papéis assumidos e pelas relações afetivas e sociais que se estabelecem entre as pessoas, a cultura, o momento histórico.

Gostaríamos de destacar também que o período de adaptação abrange todos os elementos envolvidos nesse processo, e não apenas o bebê. É a mãe adaptando-se ao seu bebê e ao mesmo tempo vendo-se na situação de ter que compartilhá-lo com pessoas alheias a seu ambiente familiar; é a criança, ainda experimentando as novidades do ambiente extrauterino, tendo agora que desvendar um universo externo à relação com sua mãe; é a instituição e seus componentes recebendo mais um elemento, o que modifica sua rotina e as características de seu funcionamento cotidiano. É ainda a instituição sendo questionada nos mais inusitados elementos de sua rotina, pois cada um que chega tem seu olhar próprio e será capturado por um aspecto da creche que diz respeito a questões emergentes de sua história pessoal. Há a mãe que só vai reparar nos aspectos de higiene; a mãe que logo percebe uma criança com dificuldade física aparente no mesmo grupo do filho; a mãe que quer ouvir detalhes sobre alimentação e assim por diante...

"A revisão da literatura aponta para as diversas diferenças nas reações da criança à separação materna, quer seja prolongada ou de curta duração. Estudos sugerem que estas reações podem estar associadas com inúmeros fatores, entre eles as diferenças individuais do bebê ou criança pequena (temperamento, idade, sexo) a qualidade da relação que mantém com os pais antes e depois da separação, as condições nas quais a criança recebe cuidados, a duração da separação e o grau da privação, e os sentimentos e atitudes dos pais" (OLIVEIRA & ROSSETTI FERREIRA, 1993).

Entre as condições de cuidados recebidos pelas crianças podemos incluir a disponibilidade emocional da mãe, que precisa, de certa forma, "autorizar a criança" a ficar nesse novo ambiente – bem como o nível de engajamento das educadoras no processo de adaptação da criança, para compreender a situação familiar.

Não podemos esquecer que além do bebê desconfiado, também podemos receber mães e familiares que têm receios, medos, desconfianças. Embora preparados para receber as crianças e suas famílias, os professores e demais educadores da creche também precisam de tempo para conhecer e confiar, para, como dissemos antes, conquistar e se deixar ser conquistado por eles.

Fonte: CEI São Cesário/Liga Solidária - SP

Enfim, é uma rede de significações que deve ser vista em suas múltiplas facetas, para nos aproximarmos da complexidade do momento vivido e, desta forma, poder fazer interferências significativas quando necessário.

O terceiro e último aspecto da adaptação a ser considerado em nossa reflexão é constituído pelos principais procedimentos que marcam esse período no cotidiano da creche. Faz parte do senso comum a caracterização desse período como marcado por dificuldades. Choros, perturbações no comportamento da criança (não comer, não dormir, não se deixar ser tocada), insegurança de ambas as partes, desconfiança das famílias, receio dos pequenos em contato com um novo ambiente e, em participar das atividades sugeridas. Também é comum o discurso sobre as necessidades das crianças. São falas provenientes de diferentes âmbitos profissionais e até mesmo leigos, que repetem como sendo dever das instituições: "atender as crianças buscando respeitar alguns procedimentos familiares", "dar carinho", "transmitir e garantir segurança".

Fonte: CEI São Cesário/Liga Solidária - SP

A maneira de interpretar essas dificuldades iniciais, assim como os procedimentos que buscam atender às necessidades da criança, varia de acordo com os recursos, a concepção social e pedagógica da creche, a formação do educador, a disponibilidade das famílias e as concepções educacionais de cada estabelecimento. Mesmo assim, é possível fazer algumas generalizações, supondo algumas etapas como fundamentais para que se vivencie o processo da melhor maneira possível. Etapas que requerem, antes de tudo, *foco no planejamento do processo de acolhimento* (ORTIZ, 2012). São elas:

- atenção à família no momento da inscrição e da matrícula;

- inserção progressiva, com participação e presença parcial da família;

- atividades adequadas e diferenciadas para cada grupo de crianças que está recebendo um bebê novo.

São muitas as estratégias que podem ser utilizadas nesse período de acolhimento e que podem ser aperfeiçoadas no decorrer de cada processo e na preparação de cada nova etapa. As ideias se articulam com as diferentes experiências de cada instituição, história e envolvimento neste percurso. Podemos citar algumas:

- atendimento individualizado aos pais para conhecimento da criança e de sua história assim como esclarecimento de dúvidas e trocas de expectativas;

- reuniões coletivas de pais com apresentação de fotos ou vídeos sobre a proposta educacional da creche;

- distribuição de textos ou pequenos fôlderes que destacam aspectos fundamentais deste momento;

- aumento gradativo no número de horas que o bebê fica na creche ao longo da primeira e segunda semanas;

- a cada dia da semana começar a adaptação de apenas uma ou duas crianças, evitando que todas cheguem no primeiro dia;

- permitir a presença de um familiar durante a adaptação, no início na própria sala e depois na sala de espera da creche;

- permitir que o familiar participe das primeiras refeições na creche;

- manter o número reduzido de bebês e crianças pequenas para cada educadora;

- evitar ao máximo a troca de educadoras, facilitando o estabelecimento de uma relação estável com o bebê;

- oferecer oficinas e atividades que iniciem com a interação entre pais, bebês e educadores;

- rodas de conversa com as famílias;

- cantos com fotografias das famílias e objetos conhecidos das crianças, etc.

Estas práticas auxiliarão o bebê e a criança pequena na familiarização com a nova rotina e permitirão que o familiar adquira confiança e esteja seguro quanto aos cuidados dispensados. Esta segurança do familiar acabará refletindo positivamente na adaptação do bebê e da criança pequena, que terão mais confiança no ambiente e nas pessoas que os cercam. (MARANGON, 2012)

Tudo isso requer planejamento e organização prévia, assim como um intenso trabalho de formação continuada de toda a equipe da instituição. A formação e o acompanhamento dos educadores por parte da equipe de coordenação é de extrema importância e vai acontecer de acordo com os recursos de cada instituição – em reuniões semanais, encontros cotidianos entre coordenação e educador, trocas de informações entre os educadores.

É importante que se dê relevância a todos os momentos que compõem a adaptação, desde a tomada de decisão da família quanto à possibilidade de colocar seu bebê na creche até as vivências dos primeiros dias e toda a construção de novas ligações afetivas e reorganização das relações anteriores.

Também faz parte do que chamamos de trabalho de formação continuada a avaliação constante desse processo para que, a cada novo período, se aperfeiçoem as condutas utilizadas e se busquem novos recursos para a melhoria do funcionamento da creche.

Eltink (1999) procurou investigar quais os indícios referidos por educadoras de berçário para avaliar o processo de inserção de bebês e suas famílias numa creche. Além de concluir que "o processo de integração mostra-se complexo, dinâmico e está constituído de vários processos particulares, incluindo o das crianças, das educadoras e das famílias, que se influenciam mutuamente", encontrou três temas gerais, para os quais direcionou sua análise. Estes temas – ou campos de observação, como podemos chamá-los aqui – são: o estado de humor, a construção de vínculo afetivo com a educadora, a inserção na rotina da creche, incluindo os subtemas padrões de sono e hábitos alimentares.

A análise desses campos de observação e de seu desenrolar nas primeiras semanas de frequência da criança à creche pode ser uma forma de avaliar se a criança está bem em seu novo ambiente; porém lembramos mais uma vez que, na investigação sobre as relações humanas, não é possível fazer generalizações de comportamento, porque, por exemplo, o que pode significar satisfação para um pode ser sofrimento e ansiedade para outro.

É quase inevitável que a criança chore no momento de separação. O choro é um modo de aliviar as tensões, e até o choro pode ter diferentes significações, sendo muitas vezes sinal de sofrimento, mas também sinal de que a criança que estava retraída e assustada já está podendo se expressar e demandar atenção específica. Nem sempre a ausência de choro significa que a criança está bem, ao contrário, ela pode estar tão assustada que nem consegue se expressar. Neste sentido, é necessário lançar mão de análises mais individualizadas e de um olhar abrangente sobre todo o universo de cada situação. Mesmo assim, esses critérios de avaliação da adaptação do bebê não deixam de ser um recurso para discussão e análise dos acontecimentos durante a inserção de bebês na creche, afinal, estamos falando de processo.

Fonte: CEI São Cesário/Liga Solidária - SP

Revendo cada um desses pontos de reflexão sobre a inserção de bebês em creches, percebemos que uma contradição vai despontando ao longo das diferentes exposições teóricas e históricas: ao mesmo tempo em que se fala em tempo, processo, subjetividade, fala-se em conclusão, em avaliação, em expectativa de estabilidade e harmonia. Vemos isso como uma contradição, pois, embora haja um discurso que encaminha o entendimento de adaptação, considerando as ideias de mudança, de tempo e de respeito à singularidade de cada família, os encaminhamentos práticos sugeridos e as expectativas muitas vezes parecem se aproximar da tradução literal do termo. Ou seja, adaptação acaba sendo entendida de acordo com a definição do termo na língua portuguesa: "ajustamento às condições do meio ambiente", "adequação" e "acomodação". Essa definição enfatiza os aspectos de estabilidade de um fenômeno e elimina as tensões e dimensões do tempo e as mudanças ligadas a ele.

Resolvemos esta contradição observando que as creches acabam convivendo com os dois entendimentos de adaptação: enquanto processo singular e enquanto ajustamento necessário. E se buscamos a compreensão desse termo específico encontramos "tornar justo", "convencionar", "combinar", "estipular", o que nos remete a uma dinâmica de mediação entre todos os lados de um mesmo contexto: as necessidades da criança, das famílias, os recursos humanos e organizacionais da instituição. Isso porque a compreensão da singularidade do processo de cada inserção na creche – considerando as peculiaridades da criança e da família, as condições momentâneas da instituição, os aspectos sociais e psíquicos de cada relação – é da ordem do discurso social e faz parte do conteúdo da política atual de Educação Infantil; enquanto que a compreensão de adaptação como acomodação é da ordem da necessidade de cada sujeito e da realidade institucional.

Portanto, acreditamos que, para enfrentar as dificuldades características do período crítico que é o da adaptação é necessário um trabalho coletivo, no qual os educadores debatam as diversidades inerentes ao grupo que povoa a instituição. Além disso, é preciso promover discussões e reflexões a cada novo período de entrada de crianças, aprendendo com o passado e planejando o futuro.

Afinal, o objetivo de todos é que as crianças sejam acolhidas e bem-vindas!

Referências bibliográficas

AMORIM, Katia de S. **Processo de (re) construção de relações, papéis e concepções, a partir do ingresso de bebês em creche**. Ribeirão Preto, 1998, 230p. Dissertação (Mestrado em Psicologia) Faculdade de Filosofia, Ciências e Letras de Ribeirão Preto – Departamento de Psicologia e Educação, Universidade de São Paulo, Ribeirão Preto. 1998.

AVERBUCH, A. R. **Adaptação de Bebês à creche: O ingresso no primeiro ou segundo semestre de vida**. Rio Grande do

Sul, 1999. Dissertação (Mestrado em Psicologia) – Universidade Federal do Rio Grande do Sul, Porto Alegre. 1999.

BOVE, Chiara. *Inserimento: uma estratégia para delicadamente iniciar relacionamentos e comunicações.* In Gandini, L. e Edwards C. **Bambini – A abordagem italiana à educação infantil**, Porto Alegre: Artmed, 2002.

ELTINK,C. F. **Indícios utilizados para avaliar o processo de integração de bebês em uma creche**. Ribeirão Preto, 1999.152p. Dissertação (Mestrado em Psicologia) – Faculdade de Filosofia, Ciências e Letras de Ribeirão Preto - Departamento de Psicologia e Educação, Universidade de São Paulo, Ribeirão Preto. 1999.

MARANGON, Cristiane. **Adaptação bem feita**. Disponível em <http://revistaescola.abril.com.br/educacao-infantil/0-a-3-anos/adaptacao-bem-feita-449821.shtml>. Acesso em 09 abr. 2012.

OLIVEIRA, Z. de M. & ROSSETTI FERREIRA, M. C. O valor da interação criança-criança em creches no desenvolvimento infantil. **Cadernos de Pesquisa**, São Paulo, n. 87, p. 62-70, nov.1993.

ORTIZ, Cisele. **Adaptação e acolhimento: um cuidado inerente ao projeto educativo da instituição e um indicador de qualidade do serviço prestado pela instituição**. Disponível em <http://revistaescola.abril.com.br/gestao-escolar/acolhida-cisele-ortiz.pdf>. Acesso 01 fev. 2012.

RAPOPORT, Andrea; PICCININI, Cesar Augusto. O Ingresso e Adaptação de Bebês e Crianças Pequenas à Creche: Alguns Aspectos Críticos. **Psicologia: Reflexão e Crítica.** Universidade Federal do Rio Grande do Sul, 2001, 14(1), pp. 81-95.

ROSSETTI-FERREIRA, M. C. & AMORIM, K. **Relações afetivas na família e na creche durante o processo de inserção de bebês**. Simpósio Nacional de Educação Infantil, 2º Simpósio Latino-Americano de atenção à criança de 0 a 6. Anais - Brasília, 1996.

_____Uma perspectiva teórico-metodológica para análise do desenvolvimento humano e do processo de investigação. **Psicologia: Reflexão e Crítica**, 13(2) pg.281-293. Porto Alegre, 2000.■

4 Organização dos ambientes para os bebês – o olhar atento

De onde partimos

A importância da organização do ambiente não apenas entendido como espaço físico, mas humano, que ofereça condições de desenvolvimento para as crianças pequenas, necessita ser pensada. O ambiente comporta quatro elementos principais:

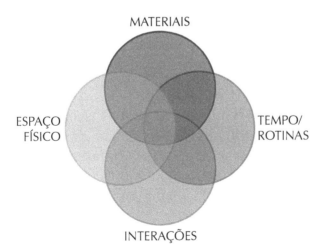

Vamos neste capítulo aprofundar a discussão sobre a organização do espaço físico.

Um dos aspectos mais importantes do atendimento às crianças pequenas em instituições é a qualidade do espaço a elas destinado. Seria o espaço apenas um cenário? De que maneira ele é percebido pelas crianças e pelos adultos?

A maneira como organizamos os espaços e o tempo, por meio da rotina, determina maior ou menor integração das dimensões do desenvolvimento humano e do cuidar e educar.

Diante da história de vinculação das creches à assistência social[6], concretizada durante um bom tempo por políticas assistencialistas voltadas à diminuição da pobreza, a qualidade de seus espaços físicos ficou relegada a segundo plano. Como pode ser acompanhado nos resultados da pesquisa sobre qualidade promovida pelo MEC[7], nos municípios em que a Educação Infantil existe organizada segundo os limites da legislação há mais tempo, a situação é um pouco melhor. Porém, nos municípios em que o atendimento iniciou-se de maneira espontânea, desvinculado do poder público, a situação era e continua sendo bastante precária em alguns lugares – ainda se encontram salas insalubres, mofadas, com goteiras, sem insolação, sem manutenção. Ausência de espaço externo e de banheiros; falta de água encanada e salas que abrigam muitos berços, nenhum móvel padronizado, objetos e brinquedos quebrados vindos de doações.

O que ocorre é que, para atender à demanda da comunidade, as escolas de Educação Infantil se organizaram com muita boa vontade da maneira que foi possível, sem ter um planejamento *a priori*, com objetivos educacionais, clareza sobre a função da escola, e uma proposta pedagógica formalizada. Dessa forma, a organização do espaço reflete esta falta de diretriz, e espelha as concepções de criança, de desenvolvimento, de aprendizagem à luz das quais foi forjado.

---

[6] Ver capítulo 1

[7] Falamos aqui de duas pesquisas: a "Consulta sobre qualidade da Educação Infantil, o que pensam e o que querem os sujeitos deste direito",- coordenada pelas Profas Maria Malta Campos e Silvia Helena Vieira Cruz - Fundação Carlos Chagas, publicado pela Cortez Editora em 2006; e os "Indicadores da Qualidade na Educação Infantil – Indiquinho". Ministério da Educação/Secretaria de Educação Básica, 2009, que é uma forma de autoavaliação para as escolas Educação Infantil de algumas dimensões do trabalho, sendo uma delas a do espaço físico.

Para ajudar os municípios a entenderem a importância da organização do espaço e para poder atender a demanda de famílias que aguardam vagas para seus filhos, o MEC elaborou um documento valioso que deve ser consultado sempre que necessário[8], pois aponta para a construção de equipamentos de Educação Infantil que ofereçam uma infraestrutura mínima para a qualidade do atendimento.

Além disso, o MEC definiu o Programa Pró-infância, em 2007, com a perspectiva de que o Governo Federal auxiliasse os municípios na construção de pelo menos uma creche em cada cidade, seguindo um padrão mínimo de qualidade na construção e infraestrutura. Embora o projeto possa ser criticado justamente pela padronização – fazendo com que de norte a sul do nosso país todas as creches tenham o mesmo modelo, impedindo que uma variedade de soluções em função da diversidade ambiental, climática e cultural de cada região do Brasil possam ser utilizadas – temos um padrão comum, um padrão mínimo que pode ser avaliado e aperfeiçoado e que garante o direito das crianças de usufruir um espaço adequado e promotor de aprendizagens.

Qualquer que seja o espaço destinado às crianças pequenas, muito podemos fazer para torná-lo mais confortável e adequado às experiências infantis.

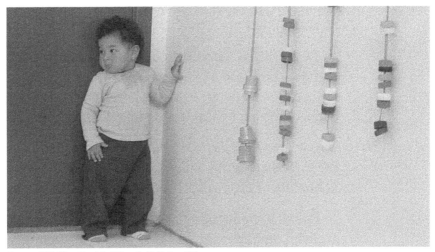

Fonte: CEI São Cesário/Liga Solidária - SP

---

[8] Parâmetros de Infraestrutura

O que é um lugar para bebês?

Um mesmo espaço físico pode se transformar em ambientes totalmente diferentes. Imagine um prédio com apartamentos que têm a mesma planta física. Num deles mora um casal de idosos e no outro uma moça de 25 anos que estuda e trabalha fora. A forma como cada apartamento será organizado será totalmente diferente, desde a cor da pintura das paredes, a iluminação, o mobiliário e sua disposição no espaço, os equipamentos presentes em cada ambiente até os detalhes de decoração. Cada espaço vai sendo recheado de valores que revelam a história e os valores de quem o habita.

No ambiente escolar acontece o mesmo, organizamos a sala dos bebês da maneira como concebemos a função que o espaço físico deve ter para eles. Será que pensamos que este espaço é, em primeiro lugar, um espaço de aprendizagem, ou seja, que o espaço em si mesmo pode ensinar alguma coisa?

Ao interagir com o espaço, o bebê pode, por exemplo, perceber as diferentes texturas e temperaturas do piso, se ele for variado: emborrachado, madeira, cimento queimado, grama, terra, areia. Pode perceber a diferença de luminosidade ao longo do dia, as luzes e as sombras que aparecem nas paredes e no chão. Pode, deslocando-se pelo espaço, ir explorando e construindo a dimensão do mesmo, seus limites, e aprender a contornar ou a transpor obstáculos. Pode perceber que compartilha esse espaço com outras pessoas e que cada coisa tem um lugar.

Se a criança fica o dia todo num berço pode aprender que o mundo é perigoso e que ela não deve aventurar-se, mas se fica no chão, sabe que pode se deslocar, engatinhando, se arrastando, andando, indo em busca daquilo que deseja e que é de seu interesse!

Portanto, a relação do bebê com o espaço físico pode favorecer a construção da imagem de si, do outro e do ambiente, o que possibilita as interações e a progressiva construção da autonomia.

David & Weinstein (1987), citados por Carvalho e Rubiano[9], afirmam que

---

[9] CARVALHO & RUBIANO (1995)

Organização dos ambientes para os bebês – o olhar atento

"todos os ambientes construídos para crianças deveriam atender a cinco funções relativas ao desenvolvimento infantil no sentido de promover: identidade pessoal, desenvolvimento de competências, oportunidade de crescimento, sensação de segurança e confiança, bem como oportunidades para contato pessoal e privacidade.

Exploremos um pouco mais cada um destes tópicos.

Identidade pessoal

As crianças que frequentam ambientes coletivos precisam ter certeza de que, embora convivam com muitas outras crianças o tempo todo, são únicas. Esta clareza é construída pela maneira como são tratadas, assim como seus objetos de uso pessoal: mochila, kit de higiene, roupa de cama e cobertor, caneca para tomar água etc. É importante que todos os objetos sejam usados de forma individual e personalizada.

O espaço que a criança ocupa neste ambiente coletivo também percebido por ela como sendo dela, ou seja, a sala do seu grupo, o lugar em que senta à mesa, a almofada que usa na roda, são significativos e trazem a sensação de conhecido e usual, portanto gera segurança e confiança, o que é importante para a construção da identidade.

Os espaços que frequentamos na infância fazem parte de nossa memória afetiva. Por exemplo, a casa da avó pode trazer a lembrança não só do lugar em si, mas de todas as brincadeiras que lá aconteciam com os primos, as festas de Natal, os almoços de domingo etc.

Há muitas maneiras possíveis de personalizar o que a criança usa da escola, evitando o tratamento massificado e estéril, desumanizador. A almofada da roda pode ser costurada em casa, com os pais, pode-se organizar uma oficina de bordado ou de pintura para que as famílias personalizem o *nécessaire* da criança, por exemplo. Tarjetas com o nome e a fotografia da criança identificam seu lugar no cabideiro, na cadeira, no colchão, no saquinho de sua roupa de cama – mostram, de forma concreta, que cada um tem seu espaço garantido.

Promover a competência

Faz parte do processo de construção da identidade sentir-se capaz e competente, o que incide diretamente na autoestima. Gosto de mim mesmo quando sei que consigo realizar alguma ação específica ou resolver um problema.

Promover a competência pensando no ambiente significa planejar situações e intervenções espaciais que possam ajudar a criança a resolver problemas por si mesmas, estimulando a conquista da independência do adulto rumo à autonomia.

Favorecer que as crianças façam coisas por si só, sem a vigilância constante do adulto, de forma segura e prática, como pegar brinquedos em estantes baixas, recostar-se num cantinho aconchegante quando quer descansar, alcançar seu copo de água quando tiver sede, entrar e sair de uma cadeira especialmente preparada para isso, comer uma fruta com as mãos, promove o desenvolvimento de competência e de confiança básica em si mesmo.

Fonte: CEI São Cesário/Liga Solidária - SP

Promover oportunidades de crescimento

As crianças de 0 a 2 anos precisam de ambientes ricos, que favoreçam o uso de todos os cinco sentidos e em diferentes planos. A criança fica muito próxima ao chão, portanto é preciso pensar: o que o chão pode sugerir a ela? O chão pode ter intervenções de diferentes texturas, por exemplo, ou de diferentes cores, ou emitir sons quando se movimenta sobre ele.

Os móbiles ficam sempre lá no alto ou podem ser puxados pelas crianças? O teto pode sofrer variações ou precisa ser sempre igual? Pode-se modificar sua altura, com painéis e panôs, pode-se colocar guizos que produzem sons quando balançam ao vento. Os odores podem variar se o ambiente tiver móbiles com ervas ou almofadas recheadas com especiarias, ou ainda umidificadores de ar com essências antialérgicas.

Além disso, o ambiente precisa favorecer o movimento, que nesta faixa etária é o próprio pensamento em ação, como veremos em um próximo capítulo. Esses tipos de intervenções fazem com que as crianças possam desenvolver diferentes capacidades.

Sensação de segurança e de confiança

O ambiente precisa sugerir desafios motores possíveis de serem vencidos pelas crianças, mas organizados com conforto e segurança. Inicialmente os bebês talvez precisem de apoio, ajuda e incentivo para suas descobertas motoras, mas normalmente se o que é colocado no ambiente é atraente, seguro e interessante, vai estimular por si só a criança a experimentar usar as diferentes partes do corpo e realizar diferentes movimentos.

As crianças precisam se apoiar e ficar em pé sozinhas, um caixote de madeira pode ser este apoio, ou uma barra; elas podem subir e descer escadas baixas, entrar e sair de cubos e túneis, escorregar numa rampa, entrar em um pneu recoberto de espuma e tecido, percorrer um circuito com rampas inclinadas, pneus, tocos, escada deitada. Enfim, o importante é oferecer a oportunidade de explorar o ambiente por meio de movimentos diferenciados. As crianças precisam engatinhar, andar, correr, se pendurar, subir, descer, balançar, tentar fazer, acertar, errar, tentar de novo. Só desta maneira elas aprendem a conhecer seu próprio corpo, a controlá-lo e a saber seus limites e possibilidades.

No ambiente externo, as propostas corporais fazem ainda mais sentido e podem ser realizadas com maior segurança.

Fonte: CEI São Cesário/Liga Solidária - SP

Oportunidades para contato pessoal e privacidade

Se lembrarmos do que falamos sobre vínculo no capítulo 1, as crianças precisam construir seus vínculos suavemente e precisam de tempo para fazê-lo. A interação entre elas e os adultos na escola ocorre por meio dos cuidados físicos, da brincadeira, da imitação e do jogo simbólico. Ao entrar na escola, mesmo os bebês vão conviver com muitas pessoas – adultos e crianças – por um longo período de tempo por dia.

Relacionar-se é muito bom, mas também pode ser estressante. Muito barulho, negociar brinquedos, corresponder ao outro, enfim, interagir pressupõe muito contato. Desta forma, a organização do espaço precisa contemplar que a criança possa ter momentos de privacidade e isolar-se um pouco se assim o desejar. Um cantinho mais preservado, com colchonetes, almofadas, um minibiombo podem favorecer este momento de intimidade consigo mesmo, de repouso.

Em outros momentos, talvez seja necessário reorganizar o espaço de forma que as crianças possam atuar em pequenos grupos (duplas/trios) em tarefas específicas ou espontaneamente. A um adulto atento, as próprias crianças apontam esta necessidade, mostram com quem gostam de estar, onde e demonstram preferir espaços delimitados que não exigem a presença direta do adulto, como nichos e cantos, embaixo de mesas, entre a parede e o armário, ou seja, zonas espaciais que geram mais segurança e, consequentemente, mais independência.

Decoração – o que diz?

Quando pensamos em decorar algum espaço, o fazemos na perspectiva de deixá-lo mais atraente e agradável e de colocar no ambiente objetos, tecidos e imagens que têm algum vínculo conosco, com nossa história de vida. São objetos que gostamos de olhar inúmeras vezes. Porém, quando vamos decorar a sala onde os bebês ficam, precisamos aprender a olhar na perspectiva da criança, ou seja, do lúdico e do movimento, do ponto de vista de uma pessoa sensório-motora, que é a sua forma de pensar e agir sobre o espaço.

Não podemos esquecer que o espaço ao longo do dia vai ter funções diferentes: ora é para brincar, ora é para comer, ora é para dormir. Sabemos que a maior parte de nossas escolas não tem espaços separados para estas atividades. Existe uma flexibilidade de mobiliário que permite esta conversão conforme a necessidade: empilha-se mesas num canto e distribui-se os colchonetes, a sala se transforma em quarto de dormir.

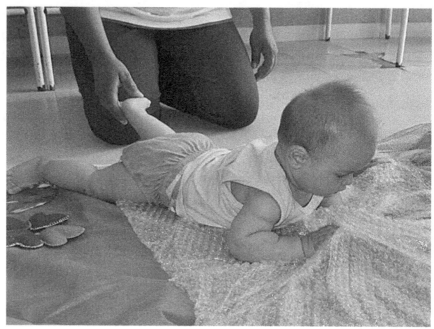

Fonte: Creche Profª Carolina Ferreira Lima/SME Apiaí

Apenas o espaço para os cuidados – a sala de banho e troca – é separada, ou pelo menos deveria ser, para garantir o processo de higiene de forma adequada e individualizada. Diante dessas funções – comer, dormir, brincar – espera-se diferentes comportamentos das crianças, adequados ao contexto que se produz, porém nem sempre lógicos na perspectiva da criança, que pode brincar na hora de comer e dormir na hora de brincar, por exemplo.

Esta definição da funcionalidade do espaço ajuda-nos a pensar na decoração, ou seja, na forma de distribuição dos móveis e dos materiais disponíveis e os arranjos possíveis.

Pensamos no espaço a partir de suas dimensõe (FORNEIRO, 1998)

- *Dimensão Funcional* – forma de utilização dos espaços, sua polivalência e o tipo de atividade que nele socorrem;

- *Dimensão Física* – geralmente estática, revela as condições estruturais: tamanho da sala, cores, objetos e sua disposição no ambiente;

- *Dimensão Temporal* – condições climáticas do local onde a escola está inserida, se atende crianças em período integral ou parcial, em quais momentos da rotina se usam os diferentes espaços da escola;

- *Dimensão Interacional* – o espaço como facilitador do encontro entre as pessoas.

A estas quatro dimensões acrescentaríamos a Dimensão Estética, pois o próprio espaço tem a função de educar, ao ser portador de ideias e valores. Quais as ideias e valores que queremos transmitir a partir da organização e da decoração?

A decoração pode propor uma formação estética consistente; as paredes povoadas das histórias que se constroem no cotidiano definem marcas fundamentais da convivência do grupo, mostram o clima e o ambiente de trabalho e revelam a cultura em que estamos inseridos – atualmente uma cultura imagética fugaz, não significativa. É fundamental que quem entra pela primeira vez neste ambiente, seja capaz de reconhecer o "clima" do lugar, aprender sobre o que acontece ali, conhecer seus habitantes e saber um pouco da cultura institucional. Luz, móveis, cores, onde sentar, o que olhar, fazem parte da educação estética, entendida como educação dos sentidos, educação sensível.

Como vimos, as paredes são testemunho das histórias que se constroem no cotidiano, revelam quem habita o lugar. Então, enquanto professores, podemos nos perguntar: o que colocar nas paredes? A maior parte das paredes deve expor os trabalhos realizados pelas crianças: desenhos, pinturas, colagens, poemas declamados, histórias lidas; outra parte pode ser destinada aos dados organizativos do cotidiano: rotina, lembretes, avisos para que as crianças vejam os adultos como usuários da linguagem escrita e percebam quais são os marcadores do cotidiano. Nomes para que eles identifiquem cabideiros, pastas, *nécessaire*.

Um relógio de parede, com certeza, pois controlar o tempo faz parte da organização do trabalho e as crianças usufruem de um artefato humano muito útil, além dos calendários de uso social. Fotos das crianças, do grupo, das crianças em diferentes momentos do dia, dos familiares, dos bichos de estimação, enfim, marcas[10] da história que a criança constrói nesse ambiente, assim como marcas que evidenciam que há uma vida fora da creche que também tem valor e faz parte da constituição cada um.

Uma parte da parede pode ser usada para aproximar as crianças da cultura e para que elas possam ir percebendo do onde vieram, qual sua herança cultural, ou conhecer novas culturas. Nas artes visuais, por exemplo, reproduções de quadros, gravuras, fotos, esculturas, que sejam significativas para as crianças e que ao mesmo tempo despertem sua curiosidade, gerando boas conversas e possibilitando o estabelecimento de relações ou a fruição estética.

Vale lembrar que excessos não são bem-vindos. Muita informação e nenhum canto para "descansar os olhos" podem acabar desinteressando quem passa, pois o olhar perde-se no meio de tantas imagens e escritos. Há que se ter bom-senso ao fazer as escolhas do que colocar nas paredes.

Ao pensar nos materiais que colocaremos à disposição das crianças, é recomendável se orientar por dois parâmetros:

- o que é significativo para criança;
- o que faz parte do uso social, ou seja, o que faz parte de práticas sociais, daquilo que as pessoas fazem normalmente fora da escola também.

Fonte: Espaço bebê/Clube Hebraica

---

[10] Mural de Marcas – revista Avisalá n. 37, fevereiro de 2009 - (www. avisala.org.br)

Fonte: Creche Santo Antonio/Liga Solidária

Alfabetos e retas numéricas não fazem nenhum sentido para as crianças de berçário; o desenho de algum artista plástico, como Miró ou Iberê Camargo, um pôster de diferentes raças de cachorros tem afinidade com os bebês. Seus nomes dentro de uma centopeia desenhada pelo adulto não são entendidas, mas ao lado de sua foto ou bordado no saquinho de sua roupa de dormir, sim.

É importante considerar que, conforme a criança vai crescendo, o ambiente pode, deve e precisa mudar, ou seja, os elementos que compõem o dia a dia dos ambientes podem se modificar conforme as necessidades das crianças e suas conquistas, assim como por acontecimentos importantes que contagiam o dia a dia na creche, como o carnaval ou a festa junina. A versatilidade é um dos atributos essenciais do espaço físico, que num dia pode se transformar em um deserto e, em outro, em oceano, em função dos elementos que o adulto disponibilizar para a brincadeira!

Fonte: Creche Profª Diná Ferreira Cury Dias Batista/SME APIAÍ

Integração com os cuidados e com a saúde

Devemos pensar também nos cuidados com a saúde. Os espaços destinados às crianças pequenas precisam ser absolutamente seguros do ponto de vista de sua integridade. Evidentemente acidentes acontecem e as crianças podem se machucar, mas em absoluto isto não pode ser causado por descuido ou negligência com pisos, portas, janelas, escadas, quinas de móveis, estantes soltas e má conservação dos brinquedos.

Os espaços, materiais e brinquedos precisam ser higienizados conforme as normas da Vigilância Sanitária e os produtos de limpeza devem estar fora do alcance das crianças, assim como os medicamentos.

Os espaços também precisam ser pensados de modo a favorecer o bem estar das pessoas que o frequentam, seja do ponto de vista térmico, de insolação e ventilação, evitando umidade, mofo, cheiros que causam problemas respiratórios graves. Seja do ponto de vista da luminosidade, garantindo que as crianças possam ficar ao ar livre a maior parte do dia ou, quando na sala, com luz natural.

O acesso ao banheiro deve favorecer o banho e troca, sempre que for necessário. É recomendável que a criança seja trocada à medida da necessidade, evitando longos momentos de espera. A troca exige cuidados específicos e intimidade, é um momento especial em que a criança deve ser tratada com individualidade. Na sala de banho e troca deve-se evitar qualquer elemento, inclusive decorativos ou brinquedinhos, que desviem a atenção da atividade principal, que é a criança participar ativamente do cuidado com seu corpo e estabelecer vínculos com seu professor, olhando-o diretamente nos olhos, enquanto ele conversa com ela sobre o que está fazendo, em que partes do corpo do bebê está tocando ou brincando.

Fonte: CEI São Cesário/Liga Solidária - SP

Fonte: Escultura de Francisco Brenan/SESC Pinheiros

Um quintal

Um quintal é um mundo de descobertas e de possibilidades que não deveria ficar fora da vida das crianças como tem ficado. Um quintal pode ser um local mágico, de aventuras, de espontaneidade.

Sair significa olhar a vida, sair do espaço protegido de si mesmo e ir em busca do contato com o outro. Sair significa diversificar as aprendizagens, aprender a conhecer os objetos da natureza: pedras, paus, folhas, flores, água, areia, bichinhos de jardim, um campo de investigação. Claro que é preciso tomar cuidado com o que a criança põe na boca, com a sujidade, tamanho do objeto, porém é preciso olhar estes atrativos como possibilidades de descobertas e não como obstáculos. Só em contato com estes elementos é que as crianças poderão aprender, por meio da orientação de um adulto, que brincar com um tatu-bola não tem problema, mas com uma taturana sim, pois ela queima.

Conversando com as berçaristas de uma creche com um amplo espaço externo, muito verde, gramado, com um pouco de mato, é verdade, perguntamos quando e quantas vezes as crianças saíam para brincar fora da sala. Ouvimos como reposta: nunca! E as justificativas eram inúmeras: "está sempre sujo", "tem muito sol", "tem muita pedrinha", "tem cobra", "é úmido", "é grande demais" etc. Na verdade, nenhuma das razões era um problema sem solução. Eram questões de manutenção, administração e, claro, de concepção – simplesmente era inimaginável para aquelas professoras ficarem lá fora com os bebês.

Por outro lado, é no espaço externo que os sentidos são mais requisitados: há luminosidades diferentes, odores diferentes, vento que move os objetos, que afeta o corpo, pássaros, aviões, caminhões que passam, cachorros que latem. Este contato direto com o meio ambiente promove sensações relacionadas à vida cotidiana e que são dificilmente reproduzíveis em ambientes fechados.

Fonte: Creche Profª Neide dos Santos Lisboa Fischer/SME APIAÍ

O quintal pode ser planejado cuidadosamente, pode ser arrumado de diferentes maneiras: uma esteira e um lençol, além de protegerem os bebês, se transformam em uma cabana; vasinhos de plástico podem receber água; areia, pedras e folhinhas podem se transformar em comidinhas; um caminho com corda pode ser um obstáculo motor ou uma estrada, ou seja, espaços externos também podem ser flexíveis e receber intervenções lúdicas que os tornam instigantes e sempre novos.

Mesmo dispondo de um quintal, as crianças também podem participar do ambiente social do entorno. Espaços comunitários como praças, feiras livres, mercados, salões de cabeleireiro, oficinas mecânicas, padarias, são passeios que fazem sentido para as crianças e promovem interações que são fundamentais; as ajudam a conhecer a vida social da comunidade a que pertencem, além de fornecer matéria prima para a imitação e o jogo simbólico.

Quando as crianças dominam o ambiente em que vivem e são capazes de fazer coisas por si mesmas, sem solicitar a assistência constante do adulto, com segurança e confiança na exploração do ambiente e dos objetos que o compõem; quando se sentem encorajadas a transpor os desafios inerentes; e quando, por meio da convivência com seus pares e com adultos acolhedores, podem construir valores de colaboração e solidariedade, então, a creche se torna um lugar de bebês.

Referências bibliográficas

BRASIL. **Parâmetros básicos de infra-estrutura para instituições de educação infantil**. Brasília: Ministério da Educação, Secretaria de Educação Básica, 2006.

CARVALHO Mara I. Campos de; RUBIANO, Márcia R. Bonagamba. *Organização do Espaço em instituições pré-escolares* In: Zilma de Moraes Ramos de Oliveira(org) **Educação infantil: muitos olhares**. São Paulo: Cortez Editora ,1994.

FORNEIRO, Lina Iglesias. *A Organização dos Espaços na Educação Infantil*. In: ZABALZA, Miguel Antonio. **Qualidade em Educação Infantil**. Porto Alegre: Artmed, 1998.

FUNDAÇÃO CARLOS ALBERTO VANZOLINI. **Apostila do Curso ADI Magistério** – Organização do Trabalho Pedagógico. Módulo 4. 2003.

GOLDSCHMIED, Elinor e Jackson, Sonia. *Organizando o espaço para viver, aprender e brincar*. In: **Educação de 0 a 3 anos – o atendimento em creche**. Porto Alegre: Artmed , 2006.

Lichy, Juliana Guerreiro. **Mural de marcas**. Revista Avisalá n° 37, fev. 2009.

5 Rotina de cada criança, de grupo, de creche – possibilidades de conciliação

O tempo, além do espaço, é um dos componentes do ambiente educacional. O que fazer e como fazer em cada momento, como distribuir a organização das atividades durante o dia, também são determinantes no modo como o bebê se desenvolve e aprende. Para refletirmos sobre esse aspecto e falarmos sobre a rotina do bebê, escolhemos acompanhar uma criança que frequenta a creche.

A vida como ela é...

Bruno tem oito meses e já está na creche. É um menino alegre e risonho. Diane, sua mãe adolescente, de 14 anos, não liga muito para ele, que parece mais filho de D. Maria, a avó de Bruno do que dela, que o trata mais como um irmão menor. Diane leva-o à creche e vai buscá-lo, mas ainda não sabe o que é ser mãe e está muito voltada para a construção de sua identidade de adolescente. Diferente dela, D. Maria, assim que soube que a filha estava grávida, já fez reserva na creche, pois sabia como era difícil arrumar vaga. Considera a creche uma boa ajuda, pois fica com a criança o dia todo, dá comida e as "tias" sabem cuidar. É uma creche da prefeitura.

Bruno fica numa creche típica das grandes cidades, que atende 150 crianças das 7h30 às 16h30. Quando chega em casa, é paparicado pelos seus tios, que fazem dele um companheiro de brincadeiras, pois têm 12, 9 e 6 anos. Bruno adora a farra. Quando saem de perto, ele chora. Apegou-se aos meninos.

Na creche, Bruno não teve dificuldades em separar-se de sua mãe. Não teve problemas de adaptação. Aceitou bem ser cuidado por outras pessoas.

Olhando um dia de Bruno na creche – a vida como ela é

Bruno chega na creche às 7h30, horário em que o portão é aberto para as famílias.

Diane entrega Bruno para uma atendente que está na porta, conferindo as sacolas e perguntando se há algum problema a relatar. Outra profissional está encarregada de levá-lo até sua sala.

Lá, a educadora o coloca num cercadinho baixo, no qual ele pode brincar, ver tudo, mas sem que possa se aproximar de alguém, por livre e espontânea vontade.

Ele fica brincando no seu cercadinho até as 8h quando as mamadeiras chegam e são servidas para todas as crianças. Bruno ainda não sabe mamar sozinho, pega a mamadeira e, sentado, tenta mamar, mas brinca com o bico, morde-o e a mamadeira esguicha, molhando-o e o que está ao seu redor. A educadora fala sério com ele que agora é para mamar e que não é hora de brincar. Bruno tenta de novo, mas não consegue inclinação suficiente para sorver a mamadeira. Depois das educadoras, são as crianças maiores, entre 4 e 5 anos que perambulam pelos espaços, que atendem Bruno. Uma delas tira-o do cercadinho e ele termina de mamar no colo dela.

Em seguida, vão todos ao solário, mais ou menos às 8h30. É um espaço aberto, um terraço contíguo à sala, com o chão e a parede de cimento cru. As educadoras levam um colchonete para fora e colocam os bebês sobre ele. Levam alguns restos de brinquedos; um bicho de pelúcia sem a cabeça, uns bichinhos de borracha para morder, uns potinhos de sucata, uns poucos objetos de encaixe. Uma das educadoras fica com eles, enquanto a outra vai levando as crianças para trocar e tomar banho. Às 10h todas entram e tomam um suco na mamadeira. As educadoras se revezam no banho e na companhia aos pequenos. Uma educadora volante chega para ajudar. Levam as crianças, agora em grupos, e rapidamente enquanto uma dá banho, a outra enxuga e veste. Algumas crianças esperam sentadas no chão do banheiro.

Às 10h30 as crianças são chamadas para almoçar. O refeitório dos bebês é improvisado no *hall* da escada. Há cadeirões e uma mesa. Alguns bebês vão para os cadeirões outros para a mesa. Três pessoas dão comida para os 18 bebês.

A comida é apresentada em duas versões: arroz, feijão e carne moída com bastante caldo, que as educadoras vão amassando com o garfo, e, para os menores vem uma papa de legumes engrossada. Alguns choram muito e não querem comer. Bruno parece estar com sono, não quer comer, chora, seu nariz escorre, cochila em cima da comida. A educadora o acorda e ele volta a chorar. Às 11h todas as crianças já almoçaram. Novas trocas, pois muitas roupas foram sujas na tentativa de se alimentarem por conta própria. Às 11h30 estão todas nos seus cercadinhos, de bruços e cobertas. Duas educadoras se revezam acalentando as crianças para que durmam.

A maioria dorme diariamente das 11h30 às 13h30, embora nem todas o queiram fazer.

Conforme vão acordando, são trocadas novamente e vão para o chão da sala no colchonete. Uma educadora senta junto e arruma as crianças em círculo, começa a cantar músicas acompanhadas de gestos. Algumas crianças olham e participam, outras imitam.

Às 14h é o horário da segunda mamadeira e as crianças tomam o leite, desta vez batido com uma fruta.

Bruno está com muita fome e sua mamadeira não é suficiente. Ele fica olhando fixamente para a educadora e chacoalha a mamadeira vazia, parece pedir mais, mas não é atendido.

Uma das educadoras oferece brinquedos de encaixes, vira uma mesa e a cobre com um pano para as crianças se esconderem, põe no chão bichinhos de vinil, carrinhos e panelinhas.

As crianças passam de um lugar ao outro e misturam todos os brinquedos. Há poucas intervenções das educadoras, uma delas senta com as crianças e ensaia uma conversa. Há algumas disputas por brinquedos que as educadoras tentam resolver. Elas parecem sempre atarefadas, ocupadas em arrumar a sala, trocar fraldas e alimentar os pequenos. As crianças ficam soltas, tentando brincar com os poucos objetos disponíveis.

Bruno engatinha pela sala, entra embaixo dos berços dispostos ao longo da parede. Tenta ficar em pé agarrando-se neles. Procura contato com outras crianças, choraminga, procura um canto, se aninha numa almofada e chupa o dedo.

Às 15h30 é servida uma sopa. Todos tomam. Começa uma nova sessão de troca de fraldas e roupas e, às 16h30, as crianças estão prontas para ir embora.

Fonte: CEI São Cesário/Liga Solidária - SP

A vida como pode ser...

Bruno chega na creche às 7h30. O portão já está aberto e Diane pode levá-lo até a sala de seu grupo. Ele é recebido com entusiasmo e sai do colo de Diane para o da educadora. Ela lhe mostra o que preparou para o dia: um cantinho com colchonete e blocos para empilhar; um espaço em frente ao espelho, com móbiles pendurados à altura das crianças; um lugar com bichinhos para morder e finalmente um cantinho com brinquedos sonoros, chocalhos, tambores e apitos. A educadora conversa com Bruno convidando-o a escolher um dos cantos, coloca-o de bruços no colchonete com os blocos de empilhar. Volta-se para Diane, elogia seu novo visual com cabelos mechados, pergunta se está tudo bem com Bruno, se ele já mamou e se passou bem a noite, se há alguma recomendação especial neste dia.

Diane vai saindo sem se despedir de Bruno e a educadora solicita que fale com ele. Ela dá um tchau e um beijo e ele fica tranquilamente brincando com os blocos. Em seguida, começa a se interessar pelo espelho e vai se arrastando até lá, interagindo no caminho com outras crianças. Ao chegar, tenta levantar o tronco. A educadora, atenta, aproxima-se dele e o coloca em pé, apoiando-o para que ele possa alcançar os móbiles.

Às 8h as mamadeiras são servidas e Bruno vai mamar no colo da educadora, que o incentiva a segurar a mamadeira sozinho. Algumas crianças mamam sozinhas recostadas em almofadas, algumas não mamam porque já tomaram seu leite em casa, outras são auxiliadas por uma educadora e outras mamam no colo.

Em seguida, todas vão para o pátio, o mesmo em que estão outras crianças. Ficam em um canto previamente organizado com brinquedos que se movem e que eles podem puxar ou empurrar. Há também pneus forrados com tecido para servir de apoio para aqueles que ainda são pequenos e que precisam de ajuda para permanecerem sentados. O grupo dos pequenos interage entre si, com as educadoras e com as outras crianças da creche que estão no pátio.

As educadoras oferecem água para todas e auxiliam aquelas que necessitam de ajuda. Enquanto uma das educadoras fica com os bebês lá fora brincando e organizando a brincadeira, a outra vai levando as crianças para serem trocadas uma a uma. Quando alguma criança faz cocô, ela aproveita e dá o banho do dia. Normalmente as duas educadoras se revezam nesta atividade, enquanto uma troca, a outra brinca. Às 10h30, mais ou menos, quando o sol está mais forte, elas entram com as crianças. Algumas demonstram sono, cansaço e são colocadas para dormir.

Quando são muito pequenas, até aproximadamente 8 meses, dormem em berços, e as outras já dormem em colchonetes. Logo, metade do grupo apenas está acordado. Neste horário, as educadoras planejam uma atividade que exige um maior acompanhamento tanto para ensinar procedimentos específicos como para incentivar novas descobertas. É o horário da pintura, do desenho, da massinha. Enquanto isso, continua-se atendendo às necessidades individuais das crianças de troca e banho.

Fonte: CEI São Cesário/Liga Solidária - SP

Às 11h30 algumas crianças começam a mostrar fome e são levadas para almoçar de duas em duas ou, no máximo, três. Entre 11h30 e 13h30, as duas educadoras contam com uma volante e, assim elas podem brincar, oferecer o almoço, trocar e colocar para dormir, de modo mais tranquilo e individualizado.

As crianças que dormiram às 11h30 acordam às 13h00 e vão almoçar. Depois do almoço, este grupo menor tem a mesma atividade proposta ao outro pela manhã: pintura, desenho, ou massinha.

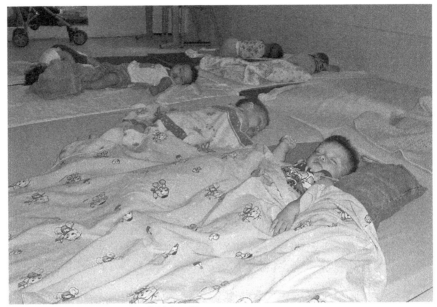

Fonte: CEI São Cesário/Liga Solidária - SP

Bruno só tem sono por volta das 12h30 e acorda às 14h30. Quando acorda, geralmente está com a fralda suja de cocô, pois esta é sua hora habitual. Toma um banho e, em seguida, um lanche: um suco e uma fruta picadinha que pega com suas próprias mãos.

Por volta das 15h, todos estão acordados. O sol já está mais ameno. A educadora os leva para fora outra vez e lê a história do Sapo Bocarrão. As crianças prestam atenção à sua maneira, participam, se movimentam, ensaiam uma participação verbal reproduzindo algumas palavras. Às 15h30 ela propõe um circuito com obstáculos motores para as crianças engatinharem, passarem por baixo, por cima. E oferece como alternativa a brincadeira de esconder e achar objetos. As crianças ficam assim entretidas, até o horário em que seus pais vêm buscá-las entre 16h30 e 17h30.

As mães que sabem que as crianças não aguentarão chegar em casa para jantar, podem pegar uma fruta, geralmente uma banana, ou uma tangerina e algumas bolachas ou um pedaço de pão, ou bolo e um suco, para oferecerem às crianças, se for o caso. Algumas trocam as fraldas das crianças antes de sair.

Por que é tão difícil proporcionar um bom atendimento para os pequenos?

Estas descrições são muito mais próximas da realidade do que possamos imaginar. Infelizmente temos mais creches que correspondem à primeira versão do que as que pertencem à segunda.

A estrutura de funcionamento das creches em geral, associada à falta de investimento público em materiais, equipamentos e formação adequada dos profissionais, tem desperdiçado o enorme potencial dos pequenos. As crianças dessa faixa etária deveriam ser alimentadas em seus desejos, em sua curiosidade natural, tendo a possibilidade de aprender e se desenvolver num contexto coletivo de interações afetivas ricas e culturalmente significativas.

Devemos às crianças como Bruno e às suas famílias muito mais atenção, cuidado e educação do que o que estamos lhes proporcionando. Não é possível uma criança ter uma vivência cotidiana tão empobrecida nas instituições de educação, sendo cidadão brasileiro inserido numa cultura tão rica, diversificada e complexa.

E o que será que provoca tanta diferença entre os atendimentos?

Representação da infância e de suas famílias

São diversas as representações que influenciam o trabalho com as crianças e determinam quem são e o que precisam. O educador age, em geral, baseado em suas representações e não em função daquela criança real que ele deveria aprender a conhecer. Por exemplo, os bebês, principalmente os de baixa renda, podem ser considerados seres com grande poder de adaptação. Têm que aprender a aguentar tudo, afinal, a vida é dura e quanto mais cedo souberem lidar com as vicissitudes do destino, melhor. A criança de creche deve logo aprender a esperar a vez, a ficar sozinho, a obedecer em qualquer circunstância, a se contentar com pouco. Ela precisa aprender a dominar a vontade, o que na prática pode significar abandono, coerção e o descumprimento de seus direitos, como comer na hora em que tem fome ou dormir quando tem sono. O importante é ser "disciplinado" e obedecer à ditadura do relógio, estabelecida para o "bom funcionamento" institucional. O foco da organização institucional não é a criança, mas a própria instituição, seus profissionais...

Os bebês podem também ser vistos como seres frágeis, sem nenhuma competência, de forma que atitudes superprotetoras dominam a relação dos adultos com eles. São bebês poucos estimulados, dos quais não se esperam grandes coisas. Em geral os adultos não lhes dão nenhuma autonomia e dificultam suas tentativas de aprender por conta própria, impedem a satisfação de sua curiosidade, com medo que se machuquem.

Outra versão da mesma ideia pretende dirigir e controlar em absoluto o desenvolvimento infantil, oferecendo atividades programadas e planejadas com o objetivo de "passar" conhecimentos para as crianças.

A especificidade desta faixa etária não é levada em consideração tanto na elaboração de currículos como na formação de professores. Normalmente existe uma "adaptação" das atividades e das rotinas de crianças mais velhas para os bebês, o que muitas vezes resulta numa situação forçada de práticas desvinculadas entre si e sem nenhum significado para as crianças. Por exemplo, a importância de ler para bebês não significa necessariamente que os bebês devem conhecer todo e qualquer tipo de texto, pois há textos que não têm significado nenhum para estes pequenos. Por outro lado, há livros interessantes inserem o texto na vida delas e a manipulação do objeto social livro (ou revista) é também um trabalho a ser realizado.

Forçar os bebês a ficarem sentados quietos numa roda para ouvir uma história é inadequado, pois sabemos que usar o corpo em movimento é uma das formas que as crianças pequenas têm de aprender. Ouvir histórias é um direito que elas têm, não um dever! Portanto, narrar histórias com ou sem livro é dever do professor e permitir que os bebês circulem enquanto ouvem a narração também o é!

Submetê-las a uma rotina "escolarizada", no pior dos sentidos, ou seja, uma rotina sem significado, apenas com tarefas a cumprir, onde todos fazem tudo ao mesmo tempo, não é conveniente. Quando estamos numa mesa com amigos ou familiares, cada um se serve do que gosta. Por que, então, as crianças são obrigadas a comerem, todas, o mesmo alimento? Há pessoas que cochilam depois do almoço e outras que não. Por que os bebês são obrigados a dormirem na mesma hora, pelo mesmo período?

Tanto em uma como em outra concepção, o que predomina é a descrença nas capacidades e competências dos pequenos, enxergando-os pela ótica do que lhes falta e não do que possuem para interagir e criar. Nessa mesma perspectiva, seus familiares, em função das dificuldades por que passam, ou são considerados a fonte de todos os males ou, na melhor das hipóteses, como seres que pouca ou nenhuma contribuição podem dar ao processo educativo. E a representação de que as crianças não podem, não são capazes, é reforçada, levando para longe, muito longe, a prática escolar da concepção da criança como protagonista de sua história.

Fonte: Creche Profª Neide dos Santos Lisboa Fischer/SME APIAÍ

Outra representação oposta a essa é que os bebês tudo sabem, sendo importante deixá-los o mais à vontade possível. Nesse caso, a intervenção do educador é mínima e as crianças ficam presas aos seus próprios recursos e aos de seus pares. E como aprendem, então? Apenas o que já sabem... A possibilidade de interação com pessoas mais experientes sobre a cultura em que estão inseridos é sonegada! As crianças, neste caso, são abandonadas... E o protagonismo infantil não se baseia em abandono, mas em interações produtivas, em que todos os envolvidos aprendem.

Fonte: Creche Profª Neide dos Santos Lisboa Fischer/SME APIAÍ

Como fazer para construir uma proposta educativa adequada à faixa etária? O que os educadores precisam saber sobre as crianças pequenas?

Como elas são e o que sabem

As crianças possuem uma natureza singular, que as caracteriza como seres que sentem, pensam e agem de um jeito próprio desde que nascem. Nas interações que estabelecem desde cedo com as pessoas que lhes são próximas e com o meio que as circunda, as crianças revelam seu esforço para compreender o mundo em que vivem, compreender a si mesmas, as relações contraditórias que presenciam e, por meio principalmente das brincadeiras, explicitam suas condições de vida e seus anseios e desejos. O educador de crianças pequenas necessita desenvolver a capacidade de observação e de reflexão sobre a prática, alimentadas por informações teóricas para conhecer a criança.

Desenvolvimento da compreensão – para que os bebês aprendam a se conhecer e a ter certo nível de compreensão sobre o que acontece com eles na sua relação com o mundo ao redor, necessitam ser compreendidos pelos adultos. A compreensão do adulto pode captar o que sentem e procuram comunicar, dando um sentido a esta comunicação. Estabelece-se sempre uma relação de reciprocidade, pois tanto os bebês sugerem respostas e sentimentos aos adultos como estes sugerem aos bebês. Conversar com os bebês, além de toda a comunicação corporal que se estabelece, oferece a possibilidade de inseri-lo na cultura e apresentá-lo a suas próprias sensações. Por exemplo, quando um bebê se mostra inquieto durante a troca de fraldas, o adulto que o está atendendo pode dizer "Marina, você está inquieta hoje... o que será que está acontecendo?" e continuar a interação com ela, brincando, até terminar a troca.

Construindo vínculos – no primeiro ano, o bebê constrói a identidade de "pertencer" à alguém; a criança precisa sentir que pertence à alguém, e ela pertence aos pais. Aos poucos, com a ida para a creche/escola ela vai se ligar a outros adultos. Daí a importância de ter vínculos estáveis e permanentes.[11]

Inicialmente, do ponto de vista cognitivo, os bebês bem pequenos parecem não ter a consciência ou a memória, como afirmam alguns autores, de que os objetos e as pessoas existem independente de si mesmos, e que continuam a existir, mesmo que eles não os vejam. Aos poucos, constroem a noção de que o objeto e/ou as pessoas são permanentes. Este momento, para algumas crianças, é delicado, pois elas "estranham" as pessoas que não fazem parte de seu universo conhecido e permanente. Para alguns autores, este é o marco da conscientização de si como diferente do outro: como um ser independente, um sujeito.

Por isso é preciso que se respeite este primeiro período, evitando, por exemplo, situações estressantes, como quando a criança chora demais por estar com fome. Se sua alimentação demora mui-

---

[11] Cabe aqui um reforço na ideia de que a criança precisa é estabelecer vínculos de qualidade, mas que não é necessariamente com a mãe se esta não puder ser sua cuidadora por qualquer razão. O vínculo se constrói quando é possível nos ocuparmos do cuidado de alguém de "corpo e alma".

to para chegar, ela pode sentir-se tão mal que, quando o alimento chega, não consegue mais comer, entrando às vezes num estado de desespero que ninguém mais entende nem sabe como lidar.

A continuidade dos cuidados entre a casa e a creche é um dos aspectos essenciais para que a criança se sinta segura e confortável. E esta continuidade depende da "leitura" dos indícios e sinais que a criança dá aos adultos, pois o bebê procura as regulações específicas das interações, procura as pessoas que sistematicamente interagem com ele – figuras de referência – e reage negativamente quando há falta de sincronia nesta interação. Por exemplo, alguns professores manifestam seus afetos pelas crianças verbalmente, mas nunca fazem um afago ou pegam no colo.

Neste sentido, num grupo de berçário, por exemplo, é preciso levar em consideração a constância das pessoas que trabalham com as crianças e a sintonia nas atitudes e nas respostas entre as várias pessoas da equipe que interagem com os bebês. Isso proporciona a estabilidade necessária para que elas reconheçam e recebam as mediações, os sinais que para elas são vitais, do comportamento humano nas mais diferentes situações de interação. A creche precisa proporcionar para as crianças figuras de referência estáveis, adultos que permaneçam com elas por um tempo mais longo e que sejam capazes de lhes proporcionar a significação necessária para que eles possam sair do estado de fusão e passar a se diferenciar, ou seja, a se conhecer a partir das referências que os outros lhes fornecem.

Aprendendo a interagir – os bebês são capazes de perceber as diferenças entre as pessoas ao seu redor, e relacionar-se com cada uma delas de forma qualitativamente diferente. O bebê parece "saber" como conquistar a atenção de sua mãe, seu pai, ou dos educadores de seu grupo. Logo demonstra preferência por um ou outro educador e cada uma dessas pessoas pode oferecer ricas e significativas experiências por meio de interações com ele. Nesse sentido a creche pode fazer muito pelo bebê, na constituição de sua personalidade e identidade quando procura valorizar os vínculos estabelecidos no núcleo familiar, quaisquer que sejam, apontando para os pais, por exemplo, sempre os aspectos positivos da criança, seus jeitos de interagir.

Aprendendo a se comunicar – as crianças procuram o tempo todo estabelecer um contato comunicativo com as pessoas. Por meio das emoções, dos movimentos corporais e mais tarde por meio das palavras, as crianças buscam se comunicar. De qualquer modo, a ideia principal é que os bebês são capazes de estabelecer vínculos múltiplos e diferenciados. O bebê é capaz de se relacionar de maneira diferente, de interagir diferentemente com cada pessoa que se relaciona com ele, pai, mãe, avó, avô, irmão, irmã, cada educadora em especial. É que ele mantém em todas as interações traços específicos de sua personalidade em construção, mas ele identifica e age com modos de interação diferenciados.

Desenvolvendo a imitação – a imitação é um instrumento imprescindível e potente para a construção da diferenciação eu/outro. Imitando o outro, a criança pode, de certa forma, colocar-se no lugar dele e imaginar o mundo do ponto de vista do outro, o que dá a condição de perceber as semelhanças e diferenças entre ela e o outro. Portanto a imitação fornece à criança os instrumentos necessários para a compreensão do mundo social e do mundo físico. Imitação de gestos, palavras são recursos para compreender a situação e a trazer para dentro de si as impressões dos momentos que viveu, transformando-os e ressignificando-os.

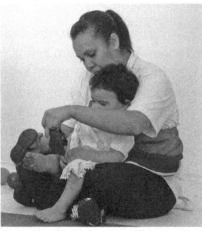

Fonte: CEI São Cesário/Liga Solidária - SP

O que os educadores precisam fazer

Para que se respeite o bebê e se construa com eles vínculos estáveis, saudáveis e produtivos, é necessário valorizar o saber fazer do educador que gera este tipo de vínculo. Quais as reais competências que ele precisa desenvolver para que a qualidade das interações seja garantida? Os vínculos se formam nas interações cotidianas que estão presentes em diferentes momentos do dia a dia e é nesses momentos que esta competência se revela.

Vejamos algumas formas de se relacionar e construir vínculos:

Dar colo e mamadeira – A experiência de ser segurado no colo e ao mesmo tempo ter o seio ou mamadeira para mamar, parece ser a primeira experiência significativa de uma criança. Imaginemos um bebê novinho, que chega à creche por volta do 4.º mês de vida, cuja mãe precisa trabalhar. Ele precisa e deve ser alimentado no colo, olho no olho, como se fosse o único naquele grupo – a única pessoa que tem importância naquele momento, com toda a atenção que merece e de que necessita. Precisa saber que alguém se preocupa e se concentra nele, e ele só vai perceber isso se receber um tratamento individualizado. As mães desses bebês pequenos que começam a frequentar a creche pela primeira vez também podem sentir-se não compreendidas, por isso necessitam de atenção, cuidado e apoio das pessoas que estão a sua volta, seus familiares, amigos e de profissionais, assim como da equipe da instituição de Educação Infantil. É importante que perceba que todos na instituição reconhecem seu papel de mãe e que ela cuida bem do filho. Evitar o ciúme e uma certa concorrência pela atenção do bebê é fundamental, estimulando-o a ir para o colo da mãe.

Cuidar da higiene – A troca de fraldas é um cuidado básico que vai além dos cuidados higiênicos. Além de manter o bebê limpo e confortável, evita-se as irritações de pele e as doenças, mas principalmente provoca-se o conforto "mental", pois, para o bebê pequeno, o corpo e a mente estão muito próximos e o alívio físico é identificado como alívio mental. O banho diário, embora não precise acontecer necessariamente na creche, é uma prática bastante comum na cultura brasileira. Ele precisa ser o mais individualizado possível e garantir que a criança possa participar deste banho ativamente, pois o contato com a água e com as mãos do adulto é foco de aprendizagem e prazer. A criança só vai aprender a cuidar de si mesma e dos outros, se puder vivenciar cuidados cotidianos de qualidade.

Oferecer objetos para sugar, chupar e morder – A amamentação não significa para o bebê apenas ser alimentado e ter sua necessidade física aliviada. O leite é um alimento que carrega também a afetividade de quem o oferece, o binômio dar-receber é uma das primeiras experiências de vida importantes para a criança. Neste contexto, ela começa a aprender sobre si mesma e sobre o outro. Para o bebê, o prazer da sucção é independente das necessidades alimentares. Quando um objeto desperta o interesse da criança ela o levará a boca para conhecê-lo. Com o nascimento dos dentes, surge também a necessidade de morder, como uma atividade importante, e a maneira como isso for permitido ou proibido pode proporcionar sentimentos diferentes para a criança. O seio, a mamadeira, a chupeta, o dedo são percebidos pelo bebê como partes de si mesmo. Nesta idade, é fundamental que a criança tenha ao seu alcance objetos que possam ser chupados e mordidos, sem perigo para ela e sem que tenha que sofrer repreensões constantes por parte dos adultos. Objetos de borracha e mordedores apropriados devem sempre estar disponíveis para as crianças.

Auxiliar a viver em grupo – Quando a criança é um bebê, costuma-se dizer que ela está numa relação de "anomia" com o mundo social, ou seja, não tem a dimensão da existência de regras de convivência e para que elas servem. O contato com o outro, a brincadeira e o jogo acontecem em função do seu desejo e de seus hábitos. No entanto, para a criança entre 0 e 1 ano é difícil falar em colocação de limites e regras sociais. A criança está simplesmente explorando aquilo que ela considera de seu interesse e que é atividade básica para ela. No entanto, a linguagem tem um papel crucial neste sentido, pois é por meio dela que os adultos dão sentido e forma ao mundo e sinalizam para a criança o significado de seus comportamentos e expressões.

Piaget

Para Piaget, a construção da autonomia é a finalidade da educação!

O desenvolvimento do juízo moral começa pela anomia, onde a lei, as regras e a ordem não fazem sentido nenhum para a criança que está centrada em si mesmo. O papel do adulto é justamente tirá-la deste momento e fazê-la avançar no sentido da heteronomia, no qual a autoridade exercida pelo adulto é fundamental e é por onde a criança se guiará, ganhando a roupagem de verdade absoluta. As crianças costumam ser mantidas pelos adultos na heteronomia, por meio do castigo, da punição, da chantagem e da coerção, fazendo com que ela tenha muita dificuldade em avançar no seu desenvolvimento no sentido da autonomia, vista aqui como a capacidade de autorrelação – quando a criança não apenas obedece, mas compreende o sentido das regras e normas e não mais acata as leis por imposição, mas por aceitação, conseguindo olhar para o todo e decidir levando em consideração o bem comum. ▪

Confiar na compreensão – Muitas vezes a criança, ao sentir fome, sente também desconforto físico; a educadora, ao colocar a criança no colo, além de dar o leite, deve conversar, acolhendo-a. Desta forma, a criança vai aprendendo que suas necessidades e mal-estares podem ser entendidos e aliviados pelos adultos que dela cuidam. Então, ela vai introjetar[12] o adulto como uma figura boa. Isso auxilia a construção de uma confiança básica na qual ela começa a perceber que "entende" a realidade e sabe lidar com ela, o que interfere positivamente em sua autoimagem. Como se pensasse: *"nossa, estou cada vez mais me comunicando com*

---

[12] Introjetar é um conceito psicanalítico. Importante no processo de identificação, refere-se à capacidade de internalizar, ou seja, fazer pertencer ao seu mundo interno, um objeto externo ou as suas características. Por exemplo, o bebê por ter introjetado a sua mãe, pode separar-se dela. As coisas importantes para um sujeito fazem parte de seu mundo interno, também nomeado de fantasmático.

este mundo e entendendo que, quando eu chamo, esta pessoa vem". E é isso que constrói o vínculo.

A criança tem a necessidade de ser alimentada em sua ilusão de onipotência e de continuidade. Se isso for possibilitado durante seu primeiro ano de vida, auxilia-se a criação de uma confiança básica em relação a ela mesma, o que contribui para o desenvolvimento de sua identidade e autonomia. É por isso que se entende que nos primeiros meses se frustre o menos possível a criança, pois a possibilidade de compreender a frustração nesta fase não é dada pela capacidade lógica e racional, mas muito mais pela via das emoções. É muito importante, na educação dos bebês, que os educadores possam avaliar a capacidade de cada um em tolerar as frustrações contingentes da vida, principalmente em coletividade. As duas posturas citadas anteriormente, de proteção excessiva ou de abandonar os bebês à própria sorte, revelam-se inadequadas e não possibilitam à criança desenvolver sentimentos positivos e de confiança acerca de si mesma.

Conversar – De início, a linguagem verbal auxilia o bebê a ter conforto e a sentir-se amparado. Parece um comportamento natural dos adultos conversar com o bebê, fazendo-lhe perguntas e explicando o que vai fazer com ele. "Puxa, como você está bonito hoje, hein?", "pobrezinho, este ouvido deve estar doendo muito!", "vamos trocar esta fralda?". Ninguém duvida que o bebê pode compreender e beneficiar-se com estas conversas, pois ele precisa que os adultos lhes emprestem as palavras e que suas experiências cotidianas sejam transformadas em linguagem verbal, para que sejam comunicadas. Assim, o bebê é introduzido no mundo simbólico da cultura. Além de nomear e organizar a experiência real e do mundo dos objetos, a linguagem verbal aponta para a compreensão dos processos internos, dos desejos, medos e ansiedades. Até determinado momento, a compreensão se dá mais pelo tom afetivo da fala.

Chorar é uma manifestação fundamental do bebê. Por meio do choro, a criança nos avisa de que algo não vai bem, portanto é um sinal vital! O choro vai desde um resmungo até um berreiro que assusta a todos. Precisa ser reconhecido como uma manifestação fundamental da criança que deve ser respondida. De início, podemos ter dificuldade em identificar a razão de um choro: dor, fome, tristeza, aviso de que perdeu a chupeta, roupa desconfortável? É o investimento afetivo, a convivência e o cuidado atento que vai possibilitar que a comunicação se estabeleça e que o choro possa ser compreendido e consolado pelos adultos. Algumas crianças podem entrar numa crise de choro convulsivo da qual será difícil sair sozinha. Primeiro é preciso evitar que isso aconteça, mas, se não for possível, é preciso cuidar da criança, pegá-la no colo, aconchegá-la, cantarolar uma música bem baixinho, um movimento cadenciado, uma massagem, uma água, um banho morno... enfim, mostrar para a criança que há solidariedade e compaixão!

Valorizar a construção da autonomia – A introdução de novos alimentos, o desmame, o engatinhar e os primeiros passos são momentos marcantes no 1.º ano do bebê, pois sinalizam a crescente capacidade biológica e ao mesmo tempo social de ir se tornando cada vez mais independente do adulto. O processo de diferenciação entre o eu e o outro se torna mais visível e valorizado pelos adultos. Ao mesmo tempo em que o bebê pode ganhar mais liberdade e decidir se quer se aproximar ou se afastar de alguém ou de alguma coisa, ele também precisará de um acompanhamento maior do adulto, uma maior atenção para não se envolver em perigos ou confusões.

Autonomia nesta idade significa que o bebê é capaz de sinalizar para o outro o que precisa. A autonomia começa na primeira mamada, mostrando ao outro do que precisa e procurando satisfação imediata. Com o crescente domínio da linguagem verbal, a criança vai aos poucos comunicando mais claramente o que ela necessita. Logicamente, ela não tem condições de entender as palavras, mas certamente entende a atitude, e progressivamente vai entendendo como um todo a mensagem. A criança está construindo o processo de compreensão cognitiva da realidade e os adultos aos poucos vão lhe dando os parâmetros, fazendo-a entender o que acontece, mesmo que ela não entenda tudo que se fala.

Fonte: Creche Profª Diná Ferreira Cury DIas Batista/SME APIAÍ

Valorizar os elementos de inserção cultural – Apresentar à criança objetos e situações culturalmente significativas e de qualidade estética é tão importante quanto as outras ações. É preciso cuidar das atividades que são oferecidas para as crianças, tanto individual como coletivamente. Deve-se levar em conta que a criança aprende pelo movimento, pela ação direta no mundo físico e social, o que faz toda a diferença na organização do ambiente e dos objetos que serão colocados à sua disposição. É preciso que presenciem os adultos em diferentes atividades e que estes interajam com elas considerando-as como interlocutores reais e partilhando não só suas atividades, como também suas ideias e sentimentos. A cultura deve ser alimento das práticas educativas dirigidas aos pequenos.

Pensar em objetos sonoros da cultura musical local e também da mundial; valorizar a escuta musical de composições de diferentes culturas; ler boas e significativas histórias infantis com belas ilustrações e com textos ricos e, sobretudo diversificar ambientes e materiais sempre atentando às necessidades básicas das crianças de ampliação de experiências.

Valorizar a família, como ela é, e considerá-la como um parceiro na educação da criança – Sempre é possível acolher não só as crianças como suas famílias. É preciso despojar-se de sentimentos negativos e preconceituosos em relação à família das crianças, principalmente as de baixa renda, sobre a forma como se relacionam e cuidam das crianças. O papel da instituição é ajudar, é interceder a favor da criança, é favorecer que o vínculo entre a criança e sua família se fortaleça cada vez mais, é sempre procurar valorizar os avanços e conquistas e compartilhar com as famílias os diferentes momentos da vida das crianças na escola. Por outro lado, como pode contar com profissionais, as unidades de Educação Infantil podem auxiliar as famílias a entender um pouco deste universo e compreender as diferentes crises de desenvolvimento que as crianças passam, como, por exemplo, no nascimento dos dentes, no desmame, na retirada de fraldas, na necessidade de autoafirmação etc. Neste frutífero intercâmbio, as crianças têm muito a ganhar.

Concluindo

Tornar realidade a segunda versão de atendimento ao Bruno não é tão impossível nem difícil. A creche pode contribuir muito com a vida dele e da sua família. Pode significar a possibilidade de Bruno ter um modo diferente de se relacionar, de ser atendido em suas necessidades essenciais e, principalmente, de aprender coisas novas e diferentes daquelas que tem a possibilidade de aprender em casa com seus familiares. Se suas capacidades forem valorizadas e reconhecidas pelos adultos, de forma autêntica, o processo de construção da identidade e da autonomia de Bruno será verdadeiramente rico e integrador.

Está em nossas mãos darmos esta oportunidade ao Bruno.

Fonte: Creche Profª Carolina Ferreira Lima/SME APIAÍ

Referências bibliográficas

BONDIOLI, Anna (org.) **O tempo no cotidiano infantil – perspectivas de pesquisa e estudos de caso**. São Paulo: Cortez, 2004.

_____ & MANTOVANI, Suzanna. **Manual de Educação Infantil – de 0 a 3 anos**. Porto Alegre: Artmed, 1998.

CARVALHO, Silvia P. de; KLISYS, Adriana e AUGUSTO, Silvana (organizadoras). **Bem-Vindo, Mundo! Criança, cultura e formação de Educadores**. São Paulo: Peirópolis, 2006.

KAMII, Constance. **A criança e o número: implicações educacionais da teoria de Piaget.** Campinas: Papirus, 1994.

LORDELO, Eulina da Rocha; CARVALHO, Ana Maria Almeida e KOLLER, Silvia Helena (orgs). **Infância brasileira e contextos de desenvolvimento**, São Paulo: Casa do Psicólogo e EDUFBA, 2002.

PIAGET, J.; INHELDER, B. **A psicologia da criança**, Rio de Janeiro: Difel/Saber Atual, 1974.

BRAZELTON, T. Berry e GREENSPAN, Santanley I. **As necessidades essenciais das crianças**. Porto Alegre: Artmed, 2002.

JACOB, S. H. Jacob. **Estimulando a mente de seu bebê**. São Paulo: Madras, 2002.

CARVALHO, Alysson Massote (org). **O mundo social da criança: natureza e cultura em ação**, São Paulo: Casa do Psicólogo, 1999.

BRASIL. **Referencial Curricular Nacional para a Educação Infantil**. Brasília, Ministério da Educação, Secretaria de Educação Básica, 1998.

OLIVEIRA, Zilma Ramos de. **Educação Infantil: Fundamentos e métodos**. São Paulo: Cortez, 2002.

6 E os bebês... brincam!

Crianças brincam de esconder, de correr, de casinha, de carros, de bola, de heróis, de jogos de quintal. Brincam de modo cada vez mais elaborado, do exercício motor a complexos jogos de regras, passando principalmente pelos jogos simbólicos ou faz de conta. Há muito que se falar sobre esse tema, pois em cada momento do desenvolvimento a brincadeira coloca em campo várias competências e sentidos, desdobrando-se em diferentes funções atribuídas a essa importante e fundamental atividade humana.

E os bebês, brincam de quê? Antes de brincar de alguma coisa, o bebê brinca com. Brinca com o rosto de sua mãe – primeiro elemento identificável para um bebê, assim como o seio que o alimenta – com seu próprio corpo, com as coisas que toca, com as pessoas que vê, com os movimentos, as luzes, os sons que acontecem ao seu redor. O bebê começa brincando com os próprios sentidos, num crescente jogo de descobertas, desenvolvimento de habilidades e construções de significados. "Perceber o que se passa dentro e fora do corpo é uma tarefa de integração. A criança se utiliza de jogos e brincadeiras em busca dessa consciência." (TRINDADE, 2007) Primeiro brinca com aquele que dele se ocupa com atenção para depois brincar com seus pés, mãos e sons que consegue emitir. Atividade com alto grau de concentração, o bebê se ocupa em discernir as diferentes partes de seu corpo, a saber, o que é dele, o que é do outro, num jogo de diferenciação eu/outro. Aos poucos percebe os objetos ao seu redor e, numa constante conquista do mundo, passa não apenas a explorar aqueles que estão ao seu alcance, mas a buscar objetos que se apresentam atraentes. Tudo é novidade para um bebê que está vendo e percebendo o mundo pela primeira vez; portanto, se lhe for permitido, vai se inserir e conquistar o mundo com sua curiosidade.

O que alguém de apenas três meses de vida está fazendo ao provocar o adulto a mordiscar a mãozinha que o bebê coloca em sua boca? Por que gosta tanto de brincar com os alimentos, sentindo os pedaços de comida na própria mão e depois lambuzando a superfície do cadeirão? O que acontece, que dá tantas risadas quando alguém o cobre com um pedaço de pano e depois diz "achou!"?

Antes de partirmos para o desdobramento de cada uma dessas cenas, é interessante conhecermos a origem da palavra brincar, que tanto sentido faz para nossa reflexão. No latim, o antepositivo *brinc* é derivado de *brinco* que vem também do latim *vincro*. Este, por sua vez, é originário de *vinc*, antepositivo de *vinculum*. Esta é a palavra chave para adentrarmos o universo do bebê que brinca.

Dentre seus vários significados, escolhemos como sinônimo de vínculo as ideias de ligar, juntar, encadear, prender, seduzir, fazer laço.[13] Cada uma dessas palavras nos remete a um aspecto do brincar. Ao brincar, o bebê faz laço com o mundo ao seu redor, com aqueles que com ele se relacionam e com o universo cultural no qual está inserido. Ao mexer no rosto do adulto, ele enlaça uma brincadeira. Difícil dizer onde começa esse jogo, pois o bebê tocou o adulto porque este estava interessado nele, olhando para ele, falando com ele. Um seduz o outro, um se une ao outro. Aí, brincadeiras como essa de colocar a mão na boca do adulto geram outras, que criam sons próprios e linguagens secretas entre mãe e bebê. E assim segue, num encadeamento de ações que engendram aprendizados, que possibilitam o desenvolvimento de múltiplas competências.

Como disse Winnicott em seu trabalho sobre o jogo e a realidade:

---

[13] Dicionário Houaiss

E os bebês... brincam!

"Não há nenhuma atividade significativa no desenvolvimento da simbolização da criança, da sua estruturação, que não passe pelo brincar". (WINNICOTT, 1982)

Neste mesmo trabalho, esse psicanalista e pediatra inglês, que nos ajuda muito a pensar sobre os bebês e a conhecê-los melhor, descreve a evolução do brincar em quatro tempos:

1. o brincar com o corpo do outro cuidador;

2. o brincar no espaço da ilusão, onde o outro ainda é necessário, não como corpo, mas enquanto olhar;

3. o brincar sozinho, mas na presença de um adulto de referência;

4. o brincar com outras crianças, que por sua vez também pode ser analisado ao longo do tempo, pois se complexifica conforme a criança cresce e se socializa.

Num primeiro momento, acentuamos a ideia do brincar como formar vínculos, fazer laços, estabelecer relações.

Ao falarmos do bebê estamos o tempo todo neste livro falando também do professor, daquele que é o outro do bebê, que acolhe o bebê, que organiza os espaços interativos de desenvolvimento e aprendizagem, que organiza o tempo do bebê na creche oferecendo diferentes oportunidades de experiências e respondendo às suas principais necessidades.

Ao falarmos do brincar, continuaremos a dar destaque ao outro que cuida do bebê, afinal,

> "se o adulto é o primeiro brinquedo, o único objeto com o qual a criança pode experimentar o seu poder, então as primeiras brincadeiras são constituídas por situações felizes, compartilhadas por adulto e criança"[14].

---

[14] Bondiolli (1998) Pag.215

E por sua vez, as brincadeiras também fazem parte do que anteriormente descrevemos como processo de constituição do sujeito. O bebê se constitui a partir da imersão em um universo simbólico, ou seja, em uma cultura específica que é transmitida nas primeiras relações que estabelece; portanto, o bebê também se constitui nas brincadeiras. Constitui-se psiquicamente, constitui-se socialmente.

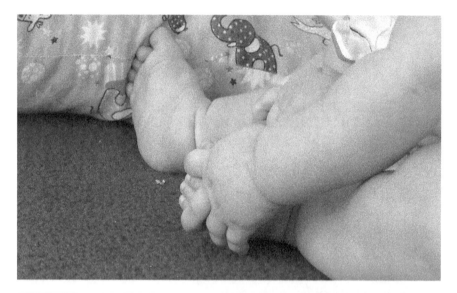

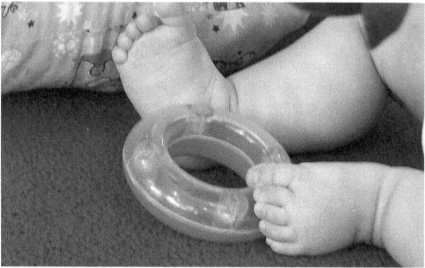

Fonte: Espaço bebê/Clube Hebraica

O brincar e o corpo em construção

Do ponto de vista da Psicanálise, sempre na direção da constituição subjetiva, podemos falar dos jogos primordiais, aqueles que muito cedo levam o bebê a construir uma imagem do próprio corpo, a adquirir a noção do que é externo a si, assim como fazer representações das próprias experiências.

Freud, em 1921, foi quem primeiro observou essa possibilidade da brincadeira como representação e elaboração das experiências vividas pelo bebê. Observou seu neto de aproximadamente 18 meses que, após a saída da sua mãe do quarto, jogava para fora do berço um carretel que tinha preso a um fio e em seguida o puxava para dentro, exprimindo vocalização característica a cada um dos momentos. Ao lançar o carretel emitia o som de "Fort" (longe, embora), e, ao puxar, dizia "Dá" (êi-lo!), o que permitiu que esse jogo ficasse conhecido na literatura Psicanalítica como o jogo do Fort-Da ou jogo do carretel. Ele formulou uma teoria segundo a qual, nesse brincar, o bebê realizava as quatro operações necessárias para a formação do eu, ou seja:[15]

1. substituía simbolicamente a mãe pela imagem do carretel; assim como a mãe ia e vinha, dividida entre seus afazeres domésticos e cuidados ao bebê, o carretel aparecia e desaparecia de seu campo visual;

2. substituía simbolicamente a experiência passiva de ser deixado e ser reencontrado pela mãe, pela experiência ativa de controle da situação, assumindo a manipulação do fio;

3. substituía simbolicamente o desprazer gerado pela ausência da mãe pelo prazer causado pelo brincar;

4. substituía simbolicamente o objeto inerte, representado por um carretel amarrado a um fio de linha, por um objeto investido pelo dom amoroso da mãe.

Ou seja, o bebê construiu um modo de representar a ausência da sua mãe, assim como a possibilidade de seu retorno.

---

[15] Em "O nascimento do sujeito" Christian Dunker – Revista A mente do Bebê v. 3

Brincadeiras primordiais

Além desta, outras *brincadeiras primordiais* (RODULFO, 1990) devem ser consideradas. Elas serão aqui apresentadas de modo sintético, lembrando que só são possibilidades se a criança for tomada como ser ativo e protagonista.

A primeira é identificada como *jogo de extrair-fabricar superfícies contínuas*. São ações de explorar superfícies, que observamos tanto na brincadeira citada, do bebê mexer no rosto do adulto descobrindo seus buracos e saliências, como naqueles momentos em que o bebê se lambuza com a comida, a papa, a sopa, o muco, a baba. A criança experimenta com isso a construção de uma película, ou seja, a ideia de um contorno, um invólucro, a noção de limite corporal. Nesse período, o espaço é o corpo, o corpo e o espaço coincidem, pois o modo de o bebê explorar o mundo passa primeiro pelo próprio corpo.

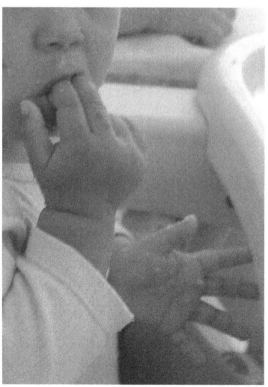

Fonte: Espaço bebê/Clube Hebraica

A segunda brincadeira primordial diz respeito ao espaço das distâncias abolidas, ou o *jogo de relação continente e conteúdo*. É quando podemos observar os bebês extremamente interessados por bolsas, caixas, gavetas, para retirar o que tem dentro e devolver, repetindo muitas vezes a ação de tirar e por. A criança está construindo volumes: o encaixe de um objeto no outro, como copos e potes, é um exemplo. Não é à toa que há no mercado de brinquedos industrializados uma série deles, que levam a criança a encaixar peças em buracos com formas geométricas correspondentes e que ficam depositados no interior de algum brinquedo maior em forma de casinha, caminhão ou animal, assim como os brinquedos de encaixe progressivo que vão do grande ao pequeno e consistem em colocar uma peça dentro da outra até formar um conjunto.

É um brinquedo comum porque corresponde aos interesses do bebê nesse momento. E mesmo sem ter o brinquedo à mão, a criança fará a brincadeira com o que tiver ao seu alcance.

Fonte: Espaço bebê/Clube Hebraica

A terceira brincadeira é chamada de *desaparecimento simbolizado* e corresponde aos jogos de esconde-esconde, *cadê-achô*, pequenas práticas de aparecimento e desaparecimento ou jogar um objeto longe para ser recuperado, como observado no jogo do carretel, citado anteriormente. Essa brincadeira remete à ideia de que, para desaparecer, é necessário existir, ser, uma noção fundamental no processo de subjetivação. É possível acompanhar o desdobramento desta brincadeira que evolui com a criança, desde o jogo de esconder o rosto do bebê com uma fralda, até as brincadeiras mais complexas observadas em crianças grandes, como esconde-esconde com regras elaboradas e nas brincadeiras de correr pelos grandes espaços externos.

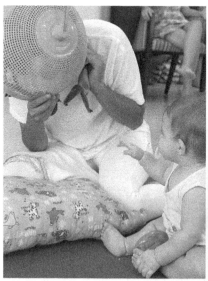
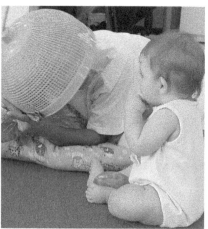

Fonte: Espaço bebê/Clube Hebraica

> "A brincadeira do esconder e achar, nos seus aspectos cognitivos e afetivos, mostra a evolução do relacionamento com o objeto, o realizado reconhecimento do "não eu", que é ao mesmo tempo realidade física, objetivamente percebida, e realidade emocional; evidencia, além disso, como a descoberta do mundo dos objetos e qualquer forma de conhecimento, acontece em função da qualidade do relacionamento que a criança estabelece com as figuras adultas, das quais depende, e salienta a estreita ligação entre a inteligência e a afetividade. Mostra enfim, que atividades infantis aparentemente situáveis em uma relação solitária entre criança e objetos são dotadas de qualidades sociais e valores comunicativos". (BONDIOLLI, 2004)

O que queremos salientar aqui é o aspecto evolutivo da brincadeira e seu caráter fundamentalmente relacional, ou melhor, baseado nas diferentes interações.

> "...desde o início da vida, as relações são construídas a partir das "interações", isto é, de ações partilhadas e interdependentes. Essas ações se estabelecem por meios de processos dialógicos, nos quais cada pessoa tem seu fluxo de comportamentos continuamente delimitado, recortado e interpretado pelo(s) outro(s) e por si próprio, através da coordenação de papéis ou posições, dentro de contextos específicos" (ROSSETI FERREIRA, 2004)

Voltamos, então, à ideia citada acima de que as primeiras brincadeiras são constituídas por situações agradáveis, compartilhadas por adulto e criança, incluindo aquelas situações do ritual cotidiano, como a troca de fraldas, a nutrição, o banho, que podem e devem ser prazerosas, realizadas em clima de envolvimento afetivo e atenção recíproca entre adulto e criança.

O brincar e o vínculo com a cultura

Uma das funções primordiais do ato de brincar é a vinculação com a cultura[16] e o processo de inserção da criança no mundo social.

Cada brinquedo, cada modo de brincar, cada música ou personagem com o qual a criança interage, faz parte de um determinado contexto cultural. Bebê é bebê em qualquer lugar do mundo, mas em cada um desses lugares há uma cultura específica, uma sociedade com suas características. Todos os bebês têm um adulto ao seu lado que dele se ocupa, todos podem vir a se arrastar ou engatinhar livremente pelos espaços, todos começam suas explorações levando objetos à boca, porém, que objetos são esses e o que significam nesse contexto? E os lugares? O chão para engatinhar pode ser um piso de madeira numa sala fechada ou um chão batido de terra numa tribo indígena, com espaço amplo que se abre para muitos espaços e diferentes paisagens.

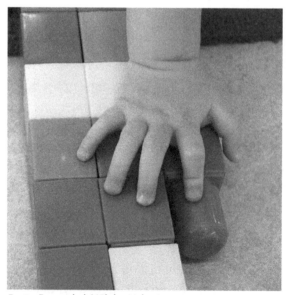

Fonte: Espaço bebê/Clube Hebraica

---

[16] Entendendo que a "palavra cultura vem do latim e significa lavoura, cultivo dos campos, instrução e conhecimento adquiridos. Cultura se opõe a natura, curso normal de ordem estabelecida pela natureza. Os filósofos alemães agregaram valor à *kultur*, quando introduzem a ideia de sistema de valores, atitudes e instituições de uma sociedade (...) antropólogos sociais ampliaram o conceito de cultura abrangendo tudo o que o homem faz, cria, sente, pensa, idealiza durante sua existência". (ORTIZ, 2008)

E os bebês... brincam! 113

Um chocalho, por exemplo, é para a maioria de nós um brinquedo de bebê, um objeto sonoro que produz sons variados, de acordo com seu formato e materiais do que é feito, que pode ser comprado em lojas especializadas. Para algumas culturas indígenas, o chocalho é um objeto mágico, destinado a proteger os pequenos nos primeiros dias de vida, afastando com seus sons as coisas ruins que podem se aproximar deles.[17] Já para um bebê que vive em uma casa de percursionistas, por exemplo, alguns chocalhos serão colocados longe de seu alcance por pertencerem a uma coleção preciosa que é material de trabalho dos músicos, e não brinquedo de bebê.

No documentário francês *"Babies"* [18], que mostra de maneira preciosa o primeiro ano de vida de quatro bebês em quatro diferentes cantos do mundo, podemos assistir cenas semelhantes em contextos muito diferentes. Por exemplo, um bebê africano dormindo amarrado às costas de sua mãe que balança seu corpo enquanto trabalha cultivando o campo. Já o bebê japonês, também dorme com balanço, mas ao invés do corpo da mãe, quem o embala é uma cadeirinha eletrônica enquanto sua mãe trabalha afastada, provavelmente em um computador.

São muitos exemplos que podem levantar semelhanças e diferenças entre os modos de se lidar com um bebê. Não precisamos olhar para culturas tão distintas, na própria creche há bebês em cujas casas têm muita gente convivendo, com música sempre ligada ao redor; e outros que em casa ficam na maioria do tempo em um quarto quieto, com muitos brinquedos, mas poucos estímulos sonoros e pouca variedade de gente ao seu lado. Ainda na mesma creche, podemos encontrar um bebê que se assusta com o tambor que a professora bate pela primeira vez para brincar, enquanto outro nasceu praticamente em uma roda de tambores, vivenciando rituais religiosos barulhentos com muita naturalidade. Diversas informações, diversos estímulos, diversos significados, diversas ações e reações.

Um lugar com pessoas diferentes reúne pessoas com experiências diferentes, com histórias distintas e até modos de ver a mesma coisa de forma diversa.

---

[17] Bem-vindo Mundo! p.31.

[18] DVD *Everybody loves....Babies*. Spotlight series/Focus Features.

Por isso, a creche tem que ser ambiente de múltiplas experiências, que considere as diferentes vivências das famílias e suas histórias como parte deste contexto. O ideal é que a criança, desde cedo, possa entrar em contato com tal diversidade, aumentando assim seu repertório e consequentemente sua capacidade de pensar e responder a diferentes desafios.

> "Brincar é uma atividade aprendida na cultura que possibilita que as crianças se constituam como sujeitos em um ambiente em contínua mudança, onde ocorre constante recriação de significados, condição para a construção por elas de uma cultura de pares, conjunto relativamente estável de rotinas, artefatos, valores e interesses que as crianças produzem e partilham na interação com companheiros de idade. Ao brincar com eles, as crianças produzem ações em contextos sócio-histórico-culturais concretos que asseguram a seus integrantes, não só um conhecimento comum, mas a segurança de pertencer a um grupo e partilhar da identidade que o mesmo confere a seus membros."[19]

É quase inevitável que a creche seja um ambiente em contínua mudança, afinal é instituição coletiva na qual o grupo de crianças, e muitas vezes o de adultos, se renova a cada ano. Apesar disso, podemos encontrar mudanças enriquecedoras e outras não. Mudanças apenas no número de pessoas e não nas atitudes que levam em consideração características peculiares dos grupos. Assim como as demais atividades, as brincadeiras ou o espaço de brincar têm que ser planejados e reestruturados no projeto pedagógico da creche. Têm que ser pensados de acordo com as circunstâncias, a história do grupo, as contribuições das diferentes famílias e professores, assim como das próprias crianças que dão dicas de suas preferências e de seus interesses, conforme o ano se desenrola – afinal elas crescem, superam desafios e solicitam

---

[19] Oliveira, 2011. p. 140 – citação a Corsaro, W.

E os bebês... brincam!

novos. Além disso, a diversidade de experiências deve ser princípio educacional a ser seguido. O professor não pode se limitar a oferecer às crianças apenas o repertório de músicas ou brincadeiras que estejam evidenciados pela mídia, pela moda ou ainda pelo comércio. Provavelmente, as crianças já têm acesso a esses bens culturais, e nossa tarefa é ampliar seu repertório. Ninguém escolhe o que não conhece e a creche é lugar de conhecer para poder escolher.

Há que se buscar com muita seriedade a ampliação desse repertório e isso se faz em parceria com a equipe da creche, em pesquisas acadêmicas e bibliográficas, em consulta às próprias famílias e comunidade, nos espaços de formação continuada. Há também que saber selecionar e propor atividades que estejam em um contexto significativo para a faixa etária.

Mais do que pesquisar para planejar e conhecer os interesses e necessidades das crianças, o professor também precisa fruir cultura, ampliar sempre seus horizontes, ler muito, assistir a espetáculos de dança, música, teatro e cinema, conhecer músicas de estilos e origens diferentes, frequentar exposições, conhecer os centros culturais e históricos de sua cidade e região, enriquecer as festas e encontros com elementos da tradição e da cultura de cada lugar. Esta não é uma tarefa fácil, pois "como os professores passaram e ainda passam por muitas situações de exclusão cultural, é mais fácil serem reprodutores dessa exclusão do que lutar contra ela. Por isso, a mudança de atitude exige muito empenho pessoal e profissional, exige tempo para alimentar-se culturalmente e esteticamente". (ORTIZ, 2008)

Ao ampliar seu universo cultural, os professores assimilam conteúdos vivenciados de modo significativo, e uma das consequências positivas para as crianças é que eles podem preparar situações de ensino e aprendizagem que se tornem significativos para as crianças, incidam na ampliação de repertório cultural delas, diversifiquem suas experiências e assim as tornem mais criativas, flexíveis e tolerantes.

Fonte: CEI São Cesário/Liga Solidária - SP

Fonte: Creche Profª Diná Cury Dias Batista/SME APIAÍ

E os bebês... brincam!

O brincar e os objetos

Para que possamos visualizar melhor as possibilidades do brincar na creche, voltemos ao capítulo anterior destacando na rotina de Bruno alguns momentos em que se evidenciam as possibilidades do brincar.

Vamos lembrar que, quando Bruno chegou à creche, a educadora havia preparado quatro cantinhos com possibilidades diferentes de exploração, todas adequadas aos bebês:

1. um cantinho com colchonete e blocos para empilhar;

2. um espaço em frente ao espelho, com móbiles pendurados à altura das crianças;

3. um lugar com bichinhos para morder;

4. um cantinho com brinquedos sonoros, chocalhos, tambores e apitos.

Temos aqui modalidades diferentes de objetos que se relacionam com os diferentes sentidos e curiosidade do bebê. Blocos para construção, que podem ser manipulados, empilhados, jogados, rolados, experimentados em diferentes posições e composições. Móbiles que são objetos pendurados ao alcance da criança e que podem ser movimentados por ela ou apenas admirados em seus movimentos, cores e formas, feitos de fios ou elásticos. Bichinhos para morder, pois é mais do que sabido e analisado que é com a boca que o bebê faz suas primeiras experimentações sensoriais. Brinquedos sonoros que podem ser manipulados e explorados em diferentes possibilidades de sons e ritmos.

Fonte: Creche São Cesário/Liga Solidária

Fonte: Espaço bebê/Clube Hebraica

Móbile

"O princípio é sempre o equilíbrio. O que muda são as peças que se penduram."

Alexander Calder

É uma escultura abstrata móvel, constituída de formas, de material leve, suspensas no espaço por fios, de maneira equilibrada e harmoniosa, e que mudam de posição impelidas pelo ar, penduradas no teto por fios, formas coloridas de pássaros, flores, instrumentos, figuras geométricas, bichos e anjos que se mexem, girando, impulsionadas pela repentina aragem: os seus móbiles.

E, por fim, temos o espelho, objeto imprescindível no berçário, com o qual o bebê pode olhar para si e aos poucos descobrir a própria imagem como externa a seu corpo. Quando pequenas, podemos observar as crianças tentando pegar sua imagem como se fosse um objeto ou outra pessoa que está à sua frente; só depois é que vai construindo sua imagem corporal, brincando com gestos e expressões. Por meio do espelho, o bebê também pode olhar a sala em outra dimensão, explorar possibilidades de ângulos e planos de visão.

Bruno fica tranquilamente brincando com os blocos e em seguida começa a interessar-se pelo espelho. Vai se arrastando até lá, interagindo no caminho com outras crianças, e ao chegar tenta levantar o tronco. A educadora, atenta, aproxima-se dele e o coloca em pé, apoiando-o para que ele possa alcançar os móbiles.

Nesta cena podemos destacar diversos elementos que compõem um bom ambiente educacional: objetos oferecidos para exploração que são atrativos para os bebês, espaço de locomoção livre para que cada um se movimente de acordo com suas competências motoras, crianças juntas no mesmo ambiente para que possam tocar-se, interagir, imitar uma às outras e, o mais importante, um adulto atento que não interfere na escolha do bebê, mas percebe seu interesse e faz uma pequena intervenção para responder sua necessidade.

Colocá-lo de pé não é a única opção, pois esse momento seria uma ótima oportunidade para Bruno buscar por si uma posição que lhe permitisse explorar os objetos ao seu modo. Mas, estar atento à criança, aproximar algum objeto, nomear sua ação conversando sobre o que ele está fazendo ou oferecer coisas de seu interesse são atitudes fundamentais de um professor de bebês que não deve o tempo todo fazer por ele, mas estar atento e observar seus movimentos.

Os objetos, quando bem escolhidos, são capazes de entreter a criança por um longo tempo sozinha, enquanto o adulto, no campo de visão das crianças, troca ou alimenta outro bebê com tranquilidade, oferecendo um momento de exclusividade a ele, como citamos ser fundamental no capítulo 2. Sob a observação do adulto, mesmo que um pouco distante, os bebês interagem com os objetos de forma cada vez mais autônoma, concentrados em fazer descobertas as mais diversas.

"O bebê, pelo que faz na direção de seus movimentos e na aquisição de experiências sobre ele mesmo e sobre o seu entorno – sempre a partir do que consegue fazer – é capaz de agir adequadamente e de aprender de maneira independente. Para o desenvolvimento da independência e da autonomia da criança, é necessário – além da relação de segurança – que ela tenha a experiência de competência pelos seus atos independentes." (FALK, 2002).

No caso desta cena com Bruno, as crianças estavam acompanhadas por um adulto bem próximo, mas é possível pensar em situações onde o bebê fica sozinho com os objetos em um local protegido, cercado, enquanto o adulto se afasta um pouco, sem sair totalmente do seu campo de visão.

Cesto de tesouros

O cesto de tesouros (GOLDSCHMIED & JACKSON, 2006), sugerido por Elinor Goldschmied e Sonia Jackson, é um cesto comum de palha ou vime com objetos variados, encontrados no ambiente doméstico, aqueles objetos que as crianças escolhem para brincar, chaves, tampas de panelas, enfeites da casa, colheres de madeira, laranjas da fruteira etc. Por meio da oferta desse tipo de brinquedo, as crianças que ainda não andam, conseguem manipular diferentes objetos, estimular os sentidos, exercer a capacidade de escolha, e se concentrar em explorar suas descobertas que estão ali, ao alcance de sua mão.

Voltando ao exemplo da situação de Bruno, as crianças vão para o quintal, o mesmo em que estão outras crianças. Ficam em um canto previamente organizado com brinquedos que se movem e que elas podem puxar ou empurrar. De novo temos uma oferta de materiais interessantes para essa faixa etária e, principalmente, para aqueles que estão ensaiando ou firmando seus primeiros passos. Além disso, mais do que a oferta de objetos atrativos e desafiadores, temos a mudança de espaço que, por si só, além de colocar a criança em contato com o ar livre e a natureza, já é um elemento a mais para a ampliação de suas brincadeiras e aprendizagens. A grama, a areia, o chão de terra, a calçada de cimento, cada uma dessas superfícies e materiais oferece experiências diferentes: a sensação do terreno irregular ou muito liso no pé, a textura de cada piso, a mudança de temperatura. Cada piso produz efeitos diferentes sobre os objetos: uma bola corre mais rápido no cimento, provoca marcas na areia e não pula muito na grama; um brinquedo ou o próprio pé molhado produz marcas nas diferentes superfícies...

Fonte: CEI São Cesário/Liga Solidária - SP

Já que falamos em pés molhados não podemos esquecer das brincadeiras com água. Esta é uma atividade que já provocou muita polêmica nas creches, pois é muito forte a cultura de que brincar na água, ficar com os pés descalços, tirar a roupa, ficar só de fralda na areia, são situações ruins para os pequenos que são vulneráveis a doenças ou podem se machucar. É curioso que num país tropical se tenha tanto receio em expor as crianças ao espaço externo e às variações do tempo. Nos países nórdicos, onde o sol não aparece tanto como aqui, as crianças de creche passeiam em dias muito frios ou até com chuva, basta para isso colocarem as roupas adequadas. Parece inexistir para os professores o conhecimento de que a maior parte das doenças são transmitidas entre as pessoas, principalmente pela não lavagem correta das mãos. Não é uma rajada de vento que provoca um resfriado.

Professores de creches ficam com medo de queixas das mães, com receio da bagunça que uma brincadeira dessas pode provocar. Sim, riscos existem, mas acidentes podem ser prevenidos se as atividades forem planejadas, o ambiente preparado, os materiais seguros e bem escolhidos e o clima estiver favorável. Tudo também depende do entendimento que professores e famílias tem a respeito dessas atividades e isso pode ser sempre esclarecido com uma boa comunicação.

Água

Qual a criança que não gosta de brincar com a água que espirra da mangueira? Quem não se diverte fazendo experiências de bater o pé em pequenas poças ou pondo a mãozinha em bacias com água? A água oferece uma gama de opções de exploração muito interessantes, que variam com a faixa etária, com os recursos espaciais e com a disposição do adulto, que precisa estar seguro de que essa brincadeira está sendo muito aproveitada pelas crianças: lavar bonecas em pequenas banheiras, lavar louça com água e sabão nas bacias, carregar baldinhos com água para fazer barro na terra ou areia, fazer misturas ou mesmo lavar-se depois de brincar ao ar livre. Por que não?

Assim como a água produz experiências variadas, a luz também é um elemento da brincadeira e do aprendizado: brincar com sombras, observar o movimento das sombras em relação ao sol ou mesmo numa sala com luz, fazer teatro de sombras, seguir o trajeto de uma lanterna no chão ou quarto escuro... Se oportunizamos, o bebê se mostra um grande pesquisador e cada uma dessas experiências são muito preciosas.

Vale pensarmos aqui na evolução dessas possibilidades de brincar. É fundamental que os objetos possam variar de uma situação para outra, possibilitando oportunidades de novas interações. Também é importante a repetição da oferta dos mesmos brinquedos, para que a criança possa aprender com ele, explorá-lo, compor diferentes brincadeiras de acordo com seu interesse do dia. Outra questão em relação à oferta e à variação dos brinquedos, é lembrar que eles podem ser substituídos por materiais não estruturados, também chamados de *objetos de largo alcance*.[20] É aqui que entram sucatas, tecidos, pedaços de diferentes materiais, caixas de diferentes tamanhos etc.[21] As caixas de diferentes tamanhos são objetos de manipulação assim como de exploração do próprio corpo, que entra e sai da caixa, faz esconder, convida a um jogo diferente com parceiros. Os objetos de largo alcance são objetos versáteis, que podem se transformar a depender da proposta do professor ou da escolha das crianças. Pedaços de tecidos podem ser lençóis de bonecas, capas de super-heróis, saias, toalhas de mesa, telhados de cabanas etc. Esta versatilidade dos objetos de largo alcance estimula a imaginação.

Retomemos a ideia apresentada sobre a evolução da brincadeira de acordo com o desenvolvimento e aprendizagens do bebê. Existe uma evolução progressiva na exploração e utilização de objetos que começa com a exploração de suas características físicas (sabor, peso, forma, cor, estrutura, dimensão...) e das ações que se pode realizar sobre eles (segurar, chacoalhar, empurrar, lançar etc.), passa pela sua utilização de acordo com os significados afetivos ou convencionais (escova para pentear, colher para

---

[20] Termo utilizado por Leontiev, A.N no texto "Os princípios da brincadeira pré--escolar" In Linguagem, desenvolvimento e aprendizagem, de Vygotsky,L.S Leontiev.A.N e Luria, A.R.

[21] Ver anexo com sugestões de materiais e atividades

comer...) e transformam-se, aproximadamente a partir dos 15 meses, quando a criança realiza ações sobre objetos imaginários ou então atribui um significado incomum a um objeto conhecido, como usar um lápis como aviãozinho. São as primeiras formas de jogo simbólico, a ação do faz-de-conta (BONDIOLLI, 1998).

> "A passagem do uso convencional para o não convencional situa-se no final do período sensório motor, durante o qual a criança pode adquirir um conhecimento suficiente dos objetos usuais, para integrá-los às atividades quotidianas. É a partir desse conhecimento que os esquemas de ação são transformados em atos significativos (...) mais tarde observa-se a representação por meio de substitutos simbólicos ou de objetos imaginários, como oferecer pedacinhos de papel à boneca como se fosse alimento" (BONDIOLLI, 1998).

Aqui cabe falar novamente da participação do adulto na brincadeira da criança, pois além de oferecer objetos interessantes e organizar ambientes de interação, o professor deve participar de modo ativo, complementando ações das crianças ou atribuindo novos significados e possibilidades de ação. Ser ativo não é invadir, corrigir, fazer por ela, mas sim brincar junto, imitar uma ação do bebê, dar continuidade a um gesto ampliando seu repertório, introduzir uma música ou palavra que possa enriquecer um jogo, desde que perceba que a criança requer resposta. Este é o ponto de atenção: interagir se necessário, ou não, pois muitas vezes o adulto não deve fazer nada, não deve intervir diretamente, apenas fazer companhia, oferecer o olhar atento e encorajador para que as crianças se sintam confiantes em suas iniciativas e descobertas.

A supervisão constante do adulto é necessária, mas a intervenção ativa nem sempre "...é necessário que o adulto preste muita atenção na progressão evolutiva da criança com quem brinca, que saiba reconhecer não somente as atividades lúdicas imediatamente satisfatórias para as crianças, mas que saiba intuir quando ela está pronta para um salto de qualidade, intervindo com propostas de jogo inéditas ou mais complexas." (BONDIOLLI, 1998)

E os bebês... brincam!

Fonte: Espaço bebê/Clube Hebraica

Essa afirmação nos ajuda a compreender o outro momento da rotina do Bruno, quando apenas metade do grupo estava acordada e as educadoras planejaram uma atividade que exigia um maior acompanhamento, tanto para ensinar procedimentos específicos como para incentivar novas descobertas. Neste dia, foi o horário da pintura, do desenho, da massinha. Entramos assim em uma modalidade específica, a de brincar com elementos da arte.

Brincar com materiais artísticos

O professor de crianças de 0 a 3 anos precisa ter em mente que as crianças desta faixa etária brincam com tudo. Qualquer objeto para elas é um brinquedo. Elas estão entrando em contato pela primeira vez com todos os objetos do mundo, sejam eles produzidos pela humanidade ou pela natureza, e, na perspectiva delas, inicialmente, não há nenhuma diferença entre eles. É olhando, pegando, levando à boca, chocalhando, batendo, que elas vão descobrir as diferentes facetas do objeto, conhecê-lo em todas as suas nuances, criar uma imagem mental do objeto por meio da ação sobre ele, para aos poucos ir aprendendo para que serve cada um deles.

Os usos e funções dos diferentes objetos e materiais são ensinados pelo adulto ao longo da vida e a criança aprende pela experimentação em si e pela imitação das ações que observa tanto do adulto como de outras crianças.

Em Artes Visuais o caminho é o mesmo, o professor é aquele que proporciona a diversidade de experimentações para que as crianças possam ter vivências sensoriais, entrar em contato e se apropriar dos diferentes materiais existentes, saber como funcionam, seus usos, os efeitos de sua ação sobre eles, os gestos e movimentos que conseguem produzir com o uso destes materiais, ou seja, os materiais artísticos precisam ser explorados como outros quaisquer.

Com a experiência constante e mediada pelo adulto, as crianças começam a estabelecer relações entre causa e efeito, começam a mostrar interesses diversificados, preferências, e evidenciam suas pesquisas pessoais, aquilo que lhes causa admiração – e, por isso, elas querem ver mais sobre o mesmo.

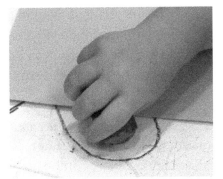 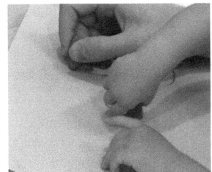

Fonte: Espaço bebê/Clube Hebraica

Um exemplo clássico é observar os desenhos de uma criança ao longo do tempo e descobrir as semelhanças e diferenças entre eles. Mesmo usando diferentes materiais, é possível identificar que a pesquisa singular de uma criança específica a difere de todas as outras. É possível perceber a firmeza do traço, o sentido dos traços, o uso das cores, a forma de ocupação do papel.

É preciso constância e continuidade da experiência, para que a criança possa ter oportunidade de aprofundar o que está pesquisando, e muitas oportunidades de vivenciar a mesma experiência.

A observação e o registro do professor, enquanto a criança desenha, pinta, cola, o ajuda a perceber o quanto ela se envolve com aquela ação, o que pensa enquanto faz e o quanto se revela como pessoa. Ao mesmo tempo, ele pode visualizar os possíveis desafios que pode propor à criança.

Há professores que cultivam alguns mitos sobre a relação da criança pequena com as artes:

- *Para que a criança precisa brincar com essas coisas? Ela não pode ter acesso a estes materiais mais para frente? Não é desperdício de material?*
- *Elas não se concentram, não param quietas!*
- *Os bebês fazem muita sujeira quando brincam com tinta!*

Essas inquietações dos adultos são reveladoras de concepções que se centram na disciplina e não na criança; que não consideram a faixa etária e criam expectativas de atitudes que não cabem para os bebês.

Ao trabalhar com os bebês e crianças pequenas, o professor precisa estar preparado para uma grande diversidade de atitudes e participações dos bebês, pois as crianças inicialmente vão mesmo transgredir o uso esperado de um determinado material.

Nas mãos de uma criança de um ano e meio um pincel pode ser um pincel, mas pode ser um pente para arrumar seu cabelo, e uma pedra encontrada no quintal pode ser um riscante (objetos que produzem marcas em superfícies, como lápis, giz etc.).

Na maior parte das vezes, a criança não espera o início da "atividade" para começar. Ela pode ampliar a proposta de desenho do adulto para outra brincadeira qualquer. Portanto, o tempo todo o professor precisa se colocar no lugar da criança e olhar a proposta que está planejando pela perspectiva da criança.

Anna Maria Holm, arte-educadora dinamarquesa, afirma que "cada criança desenvolve sua expressão artística de acordo com o interlocutor que a acompanha nesse processo. É isso que proporciona grandes e fantásticas diferenças nas produções artísticas." (HOLM, 2007)

A linguagem artística se torna um elo de interação entre o professor e a criança, pela qual ambos se deixam levar. As trocas são simbólicas e complexas, a experiência faz sentido para a criança por que ela percebe que o faz para o adulto também. Os adultos entram no mundo da criança e passam a perceber a experiência sensorial a partir da perspectiva da criança: é uma descoberta de si mesmo e do outro.

Em uma entrevista para o blog Acesso, Rosa Javelberg nos ensina que:

> "Aprender arte favorece a participação social pelo viés das trocas simbólicas. Para tanto, as formas de relação da aprendizagem em arte, nos diferentes contextos didáticos, devem implicar o aluno, mobilizá-lo e promover uma experiência com sentido para ele, que assim se reconhecerá nas práticas dos artistas e dos que participam do universo da arte. Quando aprende arte, o aluno amplia suas possi-

E os bebês... brincam!

bilidades de compreensão do mundo na interlocução que faz com as poéticas (obras de diversos tempos e lugares), conhece-se mais e expande os modos de interação com os outros. Sabe-se que a interlocução poética é uma forma potente de compreensão das questões sociais e humanas".

Transpondo esta ideia para o universo da Educação Infantil, estamos oferecendo às crianças mais uma modalidade de expressão e mais uma forma de construção de conhecimentos a respeito do mundo que a cerca, favorecida pela ação sensível sobre o mundo. Por meio da linguagem artística, a criança tem a condição de fazer operações mentais que envolvem a cognição, a afetividade e a emoção.

> "As Artes Visuais expressam, comunicam e atribuem sentido a sensações, sentimentos, pensamentos e realidade por meio da organização de linhas, formas, pontos, tanto bidimensional como tridimensional, além de volume, espaço, cor e luz na pintura, no desenho, na escultura, na gravura, na arquitetura, nos brinquedos, bordados, entalhes etc. O movimento, o equilíbrio, o ritmo, a harmonia, o contraste, a continuidade, a proximidade e a semelhança são atributos da criação artística. A integração entre os aspectos sensíveis, afetivos, intuitivos, estéticos e cognitivos, assim como a promoção de interação e comunicação social, conferem caráter significativo às Artes Visuais."[22]

> "Tal como a música, as Artes Visuais são linguagens e, portanto, uma das formas importantes de expressão e comunicação humanas, o que, por si só, justifica sua presença no contexto da educação, de um modo geral, e na Educação Infantil, particularmente."[23]

---

[22] http://www.blogacesso.com.br/?p=3493
[23] Referencial Curricular Nacional para a Educação Infantil – MEC, vol. 3, p. 85.

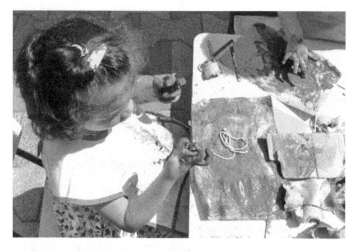

Fonte: CEI Santo Antonio/Liga Solidária - SP

Até agora, nos detivemos nos materiais que proporcionam o fazer artístico, mas a arte na Educação Infantil não é só produção, é apreciação também! O sentido de apreciar, fruir arte, para os bebês ainda se coloca no âmbito do sensorial: olhar, pegar, manifestar-se frente à observação de imagens e intervenções diversas. Essas imagens, esculturas e intervenções são atraentes para as crianças pela cor, forma, volume, textura e pelos temas com os quais as crianças podem começar a estabelecer relações, tais como imagens de pessoas (papai, mamãe, vovó...), bicho (au-au, muuuu, miau) e plantas, ou de objetos de uso cotidiano (pente, sabonete etc). Olhar imagens alimenta a produção e amplia o conhecimento das crianças sobre os diversos elementos presentes nas diferentes linguagens artísticas. Olhar imagens e interagir com produções tridimensionais produz narrativas, que devem ser livres e estimuladas pelos professores.

Algumas escolas mantêm na sala das crianças um cantinho de apreciação: são imagens de obras de arte que ficam à altura dos olhos das crianças para que elas simplesmente as olhem. Outras colocam na parede uma chapa de lata para fazer um mural imantado com jogos de quebra-cabeça com base em reproduções. Outras ainda mantêm cestos com fôlderes de museus, artigos de revista, pranchas plastificadas para as crianças manusearem ou as utilizam como disparadores de boas rodas de conversa e fruição.

Apreciar o próprio trabalho é fundamental, por isso a partir do momento em que a criança produz algo, uma marca que permanece, sua produção pode ocupar um lugar de destaque no mural da sala ou nos corredores da escola, para que todos vejam. A partir dos 3 anos, a própria criança pode contar a respeito do modo de produção de seu desenho, pintura ou escultura, socializando com os demais.

Visitar museus e exposições, de preferência com um monitor que auxilie a identificar as obras e sua importância histórica, ler a respeito dos artistas, conhecer diferentes estilos e gêneros na pintura e das artes em geral, participar de oficinas são ações fundamentais na formação de um professor.

O brincar e o movimento

No final do dia de Bruno, a professora propõe um circuito com obstáculos motores para as crianças engatinharem, passarem por baixo, por cima. Reconhecemos aqui um aspecto fundamental da brincadeira do bebê, que é relativo ao movimento.

É indiscutível que, de modo geral, o bebê depois que aprende a se locomover, e se lhe for permitido, dificilmente para no lugar. Antes mesmo de seu deslocamento pelos espaços, ele já percorreu um longo caminho de seu desenvolvimento motor e também de sua capacidade perceptiva, quer dizer, de integração e representação dos próprios sentidos. (TRINDADE, 1982) Sustentar a cabeça, sentar, buscar e segurar nos apoios, pegar os objetos, coordenar a visão e o tato, cada novo gesto e postura são o resultado de uma série de movimentos, exercícios e coordenações. Há um caminho de desenvolvimento a ser percorrido, que se inicia por movimentos incoerentes e desordenados que, aos poucos, em constantes e progressivas experimentações, permite ao bebê conquistar movimentos cada vez mais seguros e harmoniosos.

Acentuamos aqui a ideia de que o bebê pode e deve percorrer esse caminho baseado em sua própria iniciativa, pois acreditamos que:

> "Embora entre os lactantes existam grandes diferenças no que concerne ao ritmo individual do desenvolvimento, todos os bebês saudáveis e bem cuidados se parecem em um ponto: se puderem (lugar, roupa adequada...), enquanto estão acordados se movem muito, quer dizer, estão muito ocupados; cada vez são mais hábeis. Se observamos a um bebê em um espaço de brincar, ainda que sozinho, seja durante meia hora, não podemos deixar de nos admirar com sua perseverança e ante o intenso e variado trabalho muscular que realiza enquanto se exercita em um novo movimento. É uma atividade que jamais poderia ser conseguida através de estímulos externos." (FALK, 2002)

A concepção de que o desenvolvimento e as conquistas motoras são resultado do trabalho do próprio bebê deve sustentar o modo como lidamos com ele principalmente nos espaços coletivos, como creches. Em nossa cultura, há uma tendência muito grande a fazer pelo bebê ou antecipar suas ações. Qualquer novidade que ele apresente deixa o adulto entusiasmado e querendo mais, por isso é comum vermos os adultos que assistem ao bebê mudá-lo de posição antes que ele tente fazê-lo por si, levantá-lo para que alcance um lugar desejado, segurá-lo pelos braços e estimulá-lo a andar apoiado em nossas mãos. Mais do que segurar o bebê ou fazer por ele, o papel do adulto é observar e criar condições para que o bebê possa desejar, tentar, experimentar, exercitar suas capacidades até desenvolver novas habilidades motoras.

> "Se o colocamos em posturas que não podem alcançar por seus próprios meios, o estaremos privando do fator mais importante do desenvolvimento motor, quer dizer, do movimento em si mesmo, assim como da possibilidade de experimentá-lo e de exercer suas múltiplas variedades."
> (FALK, 2002)

Portanto, na creche o mais importante a fazer é dar espaço para os bebês se movimentarem e, conforme eles mostrem que são capazes, oferecer desafios e situações que os levem a exercitar e ampliar suas competências com segurança.

Ao falarmos do brincar com objetos, citamos as caixas para entrar e sair, e os objetos atraentes em posições que levam o bebê a querer pegá-los. Tudo isso são possibilidades de movimento, assim como organizar pequenos obstáculos ou lugares de apoio para que fique de pé ou se locomova à vontade. Sem esquecer, é claro, dos cuidados com a segurança – objetos que não estejam quebrados, caixas limpas e reforçadas, pisos sem estarem lascados, móveis bem fixados para não caírem... – e com a constante presença observadora e atenta do adulto.

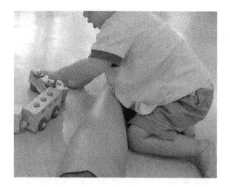
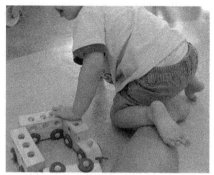
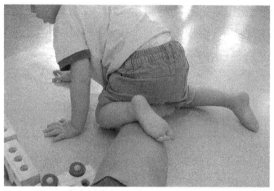

Fonte: Espaço bebê/Clube Hebraica

Voltando à atividade oferecida pela professora de Bruno, o circuito motor, vale lembrar que, pensando nas especificidades de cada faixa etária, é uma modalidade de atividade que pode ser oferecida desde os bebês até crianças bem maiores.

Circuitos motores

Para os bebês, devemos priorizar os obstáculos que os levem a se locomover no chão, engatinhando e arrastando-se pelo espaço. Como foi planejado neste dia: um circuito (ou percurso motor) para engatinhar, passar por baixo e por cima.

Algumas sugestões:

- túneis de tecido;

- pneus forrados em diferentes posições;
- caixas grandes fixadas, ou não, no chão, isoladas ou em sequencias;
- mesas colocadas em posições estratégicas;
- almofadas;
- colchonetes;
- banco de madeira lisa que atravessa o centro da sala etc.

Um circuito pra bebês se faz também de objetos espalhados para que sejam alcançados.

Ainda pensando nos pequenos que não andam, explorar texturas diferentes no chão pode ser uma boa alternativa:

- tapete macio seguido de papelão grosso;
- chão mais quente, chão mais frio;
- plástico-bolha (desses de embalar objetos eletrônicos) que além de uma sensação diferente, também produz barulhinhos quando as bolinhas são amassadas e estouradas.

A partir da observação atenta do adulto de como as crianças vão dominando seus movimentos, de quais obstáculos chamam mais atenção e quais os novos interesses de cada um, modificações e alternativas vão sendo apresentadas:

- obstáculos e apoios que levem o bebê a ficar de pé, mexer o corpo sem sair do lugar ou ensaiar os primeiros passos;
- terrenos mais acidentados como gramados com pequenas lombadas etc.

O importante é garantir que a criança se sinta segura para experimentar movimentos ousados, e também decidir voltar aos movimentos conhecidos e levar um tempo maior para experimentar uma posição nova. Cada um tem seu ritmo e tanto podem nos surpreender quando de repente saem andando, quanto darem um primeiro passo e só repeti-lo semanas depois. O professor que conhece bem aquela criança vai saber respeitar o ritmo do bebê cauteloso assim como ser ousado com o bebê mais ativo e seguro.

Conforme domina a marcha, aumentando o equilíbrio, novas possibilidades de ritmos e posturas vão surgindo: correr e pular, saltar, pular num pé só, subir e descer, andar com pés e mãos no chão sem colocar o joelho, fazer curvas etc.

De acordo com a evolução do movimento e o repertório das crianças, outros elementos vão sendo incorporados em cada proposta, tornando-as cada vez mais complexas, como músicas, fantasias para circuitos temáticos (circo, zoológico...), cantigas de roda. E assim, entramos em outras modalidades, as expressivas, que exploram os diferentes movimentos e habilidades motoras: a dança livre, as brincadeiras de roda, os jogos corporais coletivos (como entrar e sair da toca do coelho feita por um bambolê colocado no chão), a imitação de bichos e diferentes personagens...

Imprescindível acrescentar que o desenvolvimento motor vai além das competências físicas, pois, de acordo com a psicogenética walloniana, são vários os significados atribuídos ao ato motor.

> "Além de seu papel na relação com o mundo físico (motricidade de realização), o movimento tem um papel fundamental na afetividade e também na cognição. Um dos traços originais dessa perspectiva teórica consiste na ênfase que dá a motricidade expressiva, isto é, a dimensão afetiva do movimento como mostra o estudo sobre as emoções." (GALVÃO, 1995)

É com o movimento que a criança se comunica, expressa diferentes emoções, estabelece relações, conta sobre si mesma, exterioriza dúvidas e ansiedades, festeja suas descobertas.

"As crianças falam com o corpo; por isso, por exemplo, na roda de conversa, as crianças gesticulam, se deitam, levantam, querem pegar coisas" (FILGUEIRAS, 2002) isso não significa que não estão interessadas ou não estão prestando atenção, ao contrário, muitas vezes a agitação do corpo indica o envolvimento da criança pequena com a situação.

> "As crianças pequenas que conhecem, saboreiam e aprendem as possibilidades do corpo em movimento poderão sem dúvida estabelecer uma forma pessoal e diferenciada de estar no mundo. As sensações, o prazer e o desprazer, os gostos e desgostos também estão no corpo: (re)conhecê-los, saber fazer escolhas, comunicar-se com os outros faz parte da educação do corpo, pois o corpo é fonte de auto-conhecimento." (BRITO, 2008)

O brincar e a música

Ao brincar e se movimentar, as crianças produzem sons e assim nasce a música!

> "O envolvimento das crianças com o universo sonoro começa ainda antes do nascimento, pois na fase intra-uterina os bebês já convivem com um ambiente de sons provocados pelo corpo da mãe, com o sangue que flui nas veias, a respiração e a movimentação dos intestinos. A voz materna também constitui material sonoro especial e referência afetiva para eles."
>
> Assim nos ensina Teca da Oficina de Música. (BRITO, 2008)

Entre os sons e silêncios que povoam a vida, a música se faz presente e as crianças logo após o nascimento já compartilham deste encantamento. O ouvido é um dos primeiros órgãos sensoriais que se forma, e, por volta da 21.ª semana de gestação, o feto é capaz de ouvir. Ao nascer, a criança já usa o ouvido plenamente, portanto está aberta e percebendo o mundo a seu redor pelo que ouve.

Uma aproximação intuitiva da mãe com seu bebê e também dos educadores é acalantar a criança, embalá-la ao som de uma música. Isso é tão forte que acontece praticamente em todas as culturas.[24] Acalmar o bebê quando chora, quando sem sono ou inquieto, além de ser uma forma de acalmar a si mesma, acaba promovendo aproximação afetiva entre a criança e sua mãe/cuidador.

"A partir da análise da Psicanálise, o acalanto se trata de tecer um fio de ordem psíquica e não naturacional. Sem essa fiação – ou filiação – não haveria processo de humanização", afirma Leandro de Lajonquière, professor titular da Universidade de São Paulo, em artigo de Lívia Deodato. (BRITO, 2008)

> "Os brinquedos com música fazem parte da vida da criança desde muito cedo. Aos acalantos e brincos da mais tenra infância, de iniciativa materna, seguem-se as parlendas e as cantilenas, onde os primeiros gestos da melódica infantil se insinuam a par com o elemento rítmico da palavra. E, aos poucos, vão chegando os brinquedos cantados, cuja ação dinâmica, com suas variadas qualidades de movimento, talha uma música de caráter e perfil diferenciados, até alcançar mais tarde as rodas de verso, verdadeiros ritos de passagem em que o conteúdo poético, a atmosfera própria e a movimentação mesmo guardando dimensões da infância, apontam cada vez mais a expressividade da nova etapa ser vivida." Lydia Hortélio. (HORTÉLIO, s/d)

O primeiro objeto sonoro da criança é a sua própria voz... Muito cedo o bebê responde aos sons vocais a sua volta e rapida-

---

[24] Ver o projeto Acalanto, site http://acervoacalantos.org/ iniciativa Instituto Auditório Ibirapuera de São Paulo em preservar virtualmente, por enquanto esta faceta de nossa cultura imaterial . É possível encontrar artigos, vídeos e letras de diferentes acalantos do mundo inteiro.

mente imita, inventa e brinca com os sons que emite pela voz. Alguns pesquisadores afirmam que aos seis meses os bebês já são capazes de reproduzir os sons da voz humana. Utilizando apenas a voz e os sons vocais é possível fazer muitas brincadeiras com as crianças.

A criança também presta atenção em seu próprio corpo que emite diferentes sons, bater palmas e estalar a língua, ou bater o pezinho no chão quando deitada, por exemplo, são sons que ela produz intencionalmente, aprendidos por meio da imitação e que logo viram uma brincadeira divertida, mas há outros sons que o corpo emite sem intenção como um espirro ou um "pum" e que provocam riso, surpresa, admiração.

Fonte: Espaço bebê/Clube Hebraica

Em sua pesquisa pessoal sobre os objetos que a cerca, a criança percebe que esses podem ser sonoros se manipulá-los de uma forma ou de outra, e procura estabelecer relações entre causa e efeito ainda sem sabê-lo. Desde cedo a criança tem experiências sensório motoras com os objetos que passam a ter este atributo, sonoros ou não. É um jogo de exercício e ao mesmo tempo sensório-motor entre gesto e objeto. O som só é produzido se os dois estiverem juntos, em sequência de espaço e tempo.

A criança também se conecta aos sons ambientes. Ela presta atenção e está "ligada", mesmo que fazendo outra coisa. E quando quer, reproduz os barulhos que ouve como se fossem onomatopéias: barulhos de carros freando, chaleira apitando, os sinais sonoros do computador, alguém que tecla, chuveiro ligado, o tic--tac de um relógio, o telefone que toca.

Não menos importantes são os sons da natureza e dos animais. Sempre que for possível, as crianças devem ser estimuladas a identificá-los, percebê-los e valorizá-los. Vento uivando, chuva caindo, pássaros cantando, cachorros latindo, cavalo galopando – são elementos que representam o universo sonoro e que trazem novas experiências sensoriais para as crianças.

Todo esse universo sonoro "vibra em diferentes frequências, amplitudes, durações, timbres e densidades, que o ser humano percebe e identifica. Conferindo-lhes sentidos e significados." (BRITO, 2008)

Estes sentidos e significados são preenchidos por emoções e afetos e nos ajudam a avaliar o que acontece ao nosso redor: não é só pela visão que isso ocorre pela audição também. Por exemplo, ao ouvir um trovão e ventos fortes, imediatamente sabemos que vai haver tempestade e corremos para fechar as janelas abertas ou tirar a roupa do varal, ou seja, o que ouvimos nos ajuda a tomar decisões e agir. O rugido de um leão, mesmo que assistindo um filme, não é indiferente a ninguém.

"As crianças aprendem a utilizar os recursos expressivos de sua cultura. Falam alto quando querem chamar a atenção, falam baixo para contar um segredo e usam adequadamente o tom de voz para mostrar seriedade ou brincadeira. Elas logo aprendem o significado de "psssiu" e "hum"!!! Também reconhecem quando o "ai" é uma reclamação ou uma expressão de alívio. As crianças são muito receptivas a estes sons, decifrando e criando significados. Seria uma lástima quer perdessem essas habilidades por ocasião de sua entrada na escola." (MAFFIOLETTI, 2001)

A música é uma linguagem e uma área de conhecimento específica, pois ela tem forma e natureza características, que lhe são próprias. Ela apoia a criança a dar forma e consistência às experiências que ocorrem no espaço e tempo, ampliando a consciência sobre elas.

"A música é linguagem cujo conhecimento se constrói com base em vivências e reflexões orientadas (...) as competências musicais desenvolvem-se com a prática regular e orientada..." (BRITO, 2008)

A música é linguagem, forma de representação humana e, portanto, datada e situada. Identificamos um povo pela sua música, porque ela mostra um modo próprio de pensar, sentir e expressar que define sua identidade. A música também ajuda a definir momentos específicos de nosso tempo.

A escola tem um papel fundamental em introduzir a criança no universo musical de forma intencional e planejada e não apenas pela experiência fortuita: o CD que está na sala ou o rádio que está ligado. Planejar significa ter intencionalidade – a ação proposta tem a intenção de causar outras ações nos bebês, crianças ou adultos.

Da mesma forma que nas Artes Visuais, os bebês e as crianças pequenas têm o direito de aprender a apreciar música. Para isso precisam estar em contato com a produção humana musical. Devemos preservar as nossas próprias tradições musicais, mas também precisamos conhecer as tradições de outros povos. Conhecer o outro favorece que se conheça a si mesmo. Esta ampliação de repertório é vital para alimentar a criança com música para que os diferentes sons, ritmos, timbres, melodias sejam percebidos, identificados e absorvidos pelas conexões neurológicas e afetivas, de tal forma que a criança possa lançar mão deste conhecimento quando houver uma oportunidade de fazê-lo.

Em geral, compartilhamos músicas com aqueles que amamos, a música é objeto de mediação entre as pessoas, favorecendo interações e reciprocidades, e mesmo diálogos musicais quando ao invés de falar cantamos, por exemplo, ou assobiamos uma canção que é correspondida. Os bebês entram nestes jogos sonoros com muita facilidade, respondendo ao adulto que inicia a conversa musical.

Há ainda outra forma de interação que favorece a inclusão cultural possibilitando que as crianças pequenas participem da cultura da infância ao aprender as brincadeiras cantadas que fazem parte deste universo. É o caso, das parlendas, brincos, rimas, quadrinhas, poemas musicados e todo acervo que fizer parte de nossa cultura popular.

Pequeno glossário baseado no dicionário eletrônico Aurélio

Cantilenas: cantiga suave e monótona.

Parlendas: rimas infantis em versos para divertir, geralmente são memorizadas e usadas pelas crianças para brincar de roda, bater corda, bater mão.

Cantigas: poesia cantada em redondilhas ou versos menores divididas em estrofes iguais.

Quadras: estrofe de quatro versos.

Brincos: gracejo, brincadeira, zombaria.

Acalanto: acalento de acalentar = cantiga que acalma e adormece.

Canção: composição escrita para musicar um poema ou um trecho literário em prosa destinado ao canto com acompanhamento ou sem ele.

Lengalenga: cantiga monótona, enfadonha, ladainha

Esta modalidade musical em geral é ensinada pelos adultos ou por crianças mais velhas, são transmitidas de forma *intergeracional* e coletivamente. Os bebês participam destas brincadeiras sonoras ouvindo ou repetindo parte das palavras a seu modo, compondo seu repertório no processo de aquisição da linguagem. São jogos e brincadeiras que também se modificam, ficando cada vez mais complexos, conforme a criança se desenvolve e evolui em seu aprendizado.

Pela própria qualidade do seu pensamento e do seu modo de se envolver, as crianças ficam muito atentas às histórias sonorizadas, não são só em histórias que já incorporaram canções na narrativa como a canção que Chapeuzinho Vermelho canta ao ir para a casa da vovó, ou os sete anões, ao voltarem da mina para casa. Os momentos mais importantes do texto podem ser marcados por diferentes instrumentos musicais, como acontece nos filmes. Que som pode marcar alegria e felicidade? O que pode marcar susto? E batida na porta? E o vento e a chuva? O uso de diferentes objetos sonoros ajuda as crianças a estabelecem ricas e frutíferas relações entre os elementos da história e os som de diferentes fontes sonoras.

Todo este encantamento e conhecimento que a música sugere pode ser prejudicado se os educadores banalizarem as atividades. Evidentemente, quando falamos da vinculação com a cultura, muitas músicas do universo da MPB atual podem fazer parte. Mas assim como pretendemos ampliar os conhecimento das crianças também precisamos desenvolver um senso crítico para oferecer às crianças aquilo que for de melhor qualidade. Sabemos que tanto do ponto de vista musical como textual, há músicas preconceituosas e de conteúdo grosseiro, vulgar e inadequado para ser oferecido às crianças. Além disso, as crianças têm acesso às músicas veiculadas pela mídia, portanto o papel da escola é oferecer a elas o que elas ainda não conhecem.

Muitas vezes, ao visitar creches percebemos o rádio ou aparelho de som ligado na hora do almoço, e em volume alto para abafar o barulho produzido pelas crianças. Nestas ocasiões, nenhuma criança está percebendo o que está tocando e há uma competição entre os sons, o que provoca muita agitação. O som se torna barulho, e o barulho gera agitação. Acreditamos que as professoras tenham a melhor das intenções em proporcionar almoços com fundo musical, no entanto o número de crianças e o cuidado e orientação que cada uma requer as afasta da fruição.

Na hora de dormir, as músicas que imperam são caixinhas de música ou músicas clássicas que continuam tocando mesmo depois que as crianças já adormeceram. É preciso perguntar se não essa é uma necessidade da criança ou do adulto. Não seria mais interessante, para fortalecer os vínculos neste momento, que as professoras lessem uma história ou cantassem uma bela canção de ninar, ou uma cantilena?

Outra questão se refere aos gestos que acompanham as brincadeiras cantadas. Os adultos precisam ficar atentos para favorecer e valorizar a expressão gestual própria das crianças, produzidas por elas de forma espontânea e não "ensinar" gestos estereotipados e que não traduzem sua expressão genuína e autêntica.

> "É preciso que as imitações deixem espaço para evocar, pensar e criar meios próprios de expressão para que realmente representem o movimento interior de compreensão das situações vivenciadas. Fora deste contexto, aprender a imitar não tem sentido, e pode ser considerado como um exercício mecânico, sem possibilidades de ser interiorizado, muito menos servirá para criar formas de pensamento."
>
> Leda Maffioletti

As bandinhas rítmicas prontas em geral são compostas por réplicas de instrumentos musicais originais e sem preocupação com a qualidade do som que produzem. Servem mais para crianças brincarem de fazer de conta que são músicos do que para aproximá-las do universo musical.

Vale mais a pena as escolas gastarem um pouco mais de recursos, e comprarem instrumentos musicais originais no modelo infantil ou ainda os próprios professores construírem brinquedos sonoros para as crianças. Esta proposta pode envolver familiares e irmãos mais velhos numa atividade lúdica coletiva bem interessante. É preciso estar atento ao acabamento dos objetos para que não ofereçam nenhum risco para as crianças... Os instrumentos populares encontrados em feiras e mercados são bons materiais para as crianças brincarem – tais como apitos pios de pássaros, sinos, móbiles com guizos, roi-rói, chocalhos, paus de chuva etc.

Mais uma vez reforçamos a necessidade dos professores se aproximarem do universo musical, dado que em geral quem trabalha com bebês não é especialista nesta área. Mas não ser especialista não nos exime de nosso papel de ampliar o repertório e de fazer escolhas qualificadas. Para isso, é preciso estudar, e ter momentos de fruição musical, ao participar de concertos, espetáculos, audições seguidas de debates, para ter a possibilidade de refletir com seus pares sobre as atividades propostas.

Para finalizar esse tema quase sem fim, o brincar e suas mil faces, vale lembrar que a criança que brinca é uma criança saudável. É muito preocupante alguém que não se interesse por novidades, que não se divirta com situações inusitadas, que não seja curioso.

Cabe ao ambiente da creche oportunizar brincadeiras e situações diversificadas, pois para cada criança há pelo menos um canal de expressão, comunicação e prazer.

Referências bibliográficas

BONDIOLI, Anna (org.) **O tempo no cotidiano infantil – perspectivas de pesquisa e estudos de caso**. São Paulo: Cortez, 2004.

BRITO, Teca Alencar de. **Música na educação Infantil**. São Paulo: Peirópolis, 2008.

DEODATO, Livia. **O acalanto da alma**. O Estado de São Paulo, São Paulo, 01 abr. 2008.

DUNKER, Christian. **O nascimento do sujeito.** São Paulo: Duetto Editorial, 2006. (A mente do Bebê, v. 3)

FALK, Judith; TARDOS, Anna. **Movimentos livres, atividades autônomas**. Instituto Pikler. Ediciones Octaero, Associacion de maestros Rosa Sensar: Barcelona, 2002.

FILGUEIRAS, Isabel Porto. **A criança e o movimento; questões para pensar a prática pedagógica na educação infantil e no ensino fundamental**. Revista Avisa lá. Ano IV. n. 11. jul. 2002.

GALVÃO, Izabel. **Henri Wallon, uma concepção dialética do desenvolvimento infantil**. Petrópolis: Vozes, 1995.

GOLDSCHMIED, E.; JACKSON, S. **Educação de 0 a 3 anos**. Porto Alegre: Artmed, 2006.

HOLM, Anna Maria. **Baby-Art: os primeiros passos com arte**. São Paulo: Museu de Arte Moderna de São Paulo, 2007.

HORTÉLIO, Lydia. **Música na cultura infantil**. São Paulo: Casa Amarela, s/d.

LEONTIEV, A. N. **Os princípios da brincadeira pré-escolar**. In LEONTIEV, A. N.; LURIA, A. R.; VYGOTSKY, L. S. Linguagem, desenvolvimento e aprendizagem. São Paulo: Icone, 2001.

MAFFIOLETTI, Leda de Albuquerque. Práticas musicais na escola infantil. In Craidy, Carmem e Kaecher, Gladys (org). **Educação Infantil – pra que te quero?** Porto Alegre: Artmed, 2001.

OLIVEIRA, Zilma Ramos de. **Jogos de papéis – um olhar para as brincadeiras infantis**. São Paulo: Cortez, 2011.

ORTIZ, Cisele. **Educação Infantil e Exclusão Cultural**. In: Freller, Ferrari e Sekkel (orgs) Educação Inclusiva: percursos na Educação Infantil. São Paulo: Casa do Psicólogo, 2008.

RODULFO, Ricardo. **O brincar e o significante, um estudo psicanalítico sobre a constituição precoce**. Porto Alegre: Artes Médicas, 1990.

ROSSETI-FERREIRA, Clotilde(org). **Rede de significações e o estudo do desenvolvimento humano.** Porto Alegre: Artmed, 2004.

TRINDADE, André. **Gestos de cuidado, gestos de amor: orientações sobre o desenvolvimento do bebê**. São Paulo: Summus, 2007.

WINNICOTT, D.W. **A criança e o seu mundo.** Rio de Janeiro: Zahar, 1982.

_____ **O brincar e a realidade**. Rio de Janeiro: Imago, 1975.

7 E os bebês... falam! A comunicação oral como construtora do pensamento, da interação com o outro e com a cultura

> Ovo
> Novelo
> Novo no velho
> O filho em folhas
> na jaula dos joelhos
> infante em fonte
> feto feito
> dentro do
> centro
>
> *Ovonovelo, de Augusto de Campos*

Os poetas brincam com as palavras. Antes de brincar com elas, eles se apropriam delas, as degustam, escolhem algumas, desprezam outras, montam e desmontam as frases antes de concluí-las. Assim também fazem os bebês. Brincam com o corpo de onde saem os primeiros sons, depois brincam com esses sons e com aquilo que ouvem ainda antes de nascer, a voz da mãe, os sons do ambiente.

Desde o início, adulto e bebê se enovelam em ritmos, imitações, escutas atentas. Desde o início a linguagem está presente. Se entrarmos nesse poema, podemos imaginar a criança *"na jaula dos joelhos"* do adulto, capturada pela linguagem enquanto se olham. Quem já não viu ou viveu essa cena? O bebê sentado nos joelhos, seguro pelos braços, envolvido em uma brincadeira sonora ou uma interessante conversa tendo como foco o "olho no olho"? Embora uma cena conhecida, nem sempre paramos para pensar em sua complexidade, em tantos significados e tantas construções que ali estão presentes.

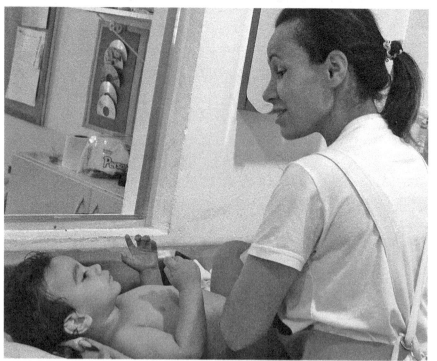

Fonte: CEI São Cesário/Liga Solidária - SP

Quando falamos em linguagem, estamos falando de um sistema de signos utilizado para a comunicação. Os animais têm a sua linguagem, principalmente aqueles que vivem em sociedade, como as espertas abelhas, mas só os humanos têm uma linguagem tão complexa, que inclui signos convencionais sonoros, gestuais e gráficos. E a capacidade de adquirir a linguagem de seu grupo é uma característica específica da espécie humana. (OLIVEIRA, 2002)

Um dos principais aspectos da pesquisa de Vygotsky é estabelecer uma relação entre a linguagem e o pensamento no desenvolvimento humano, no sentido de que a linguagem é fator constitutivo da subjetividade e ao mesmo tempo, é o arcabouço do pensamento. Até as ideias de Vygotsky, linguagem e pensamento eram vistos isoladamente e sua relação era pouco estudada, resumindo-se à ideia de maturação.

Lev Vygotsky

Psicólogo e pesquisador russo, nasceu em 1896 e morreu em 1934. Apesar de ter vivido pouco, nos deixou o legado de compreender o desenvolvimento humano de forma dialética. Usa o termo **interacionista** para dizer que as aprendizagens fazem com que o desenvolvimento avance e por que com o avanço o homem é capaz de transformar o seu meio. E também o termo **social** por que por meio das relações se define uma moldura histórica desse processo. Dessa forma o papel da escola ganha muita importância quando promove interações produtivas e aprendizagens significativas. Fala também que estes processos são **históricos** no sentido de que se condicionam a um determinado tempo e espaço.

Apesar de pensamento e linguagem terem raízes diferentes, se sintetizam ao longo do desenvolvimento.

"Nas crianças pequenas, o pensamento evolui sem a linguagem. Os primeiros balbucios se formam sem o pensamento e tem como objetivo atrair a atenção do adulto. Percebe-se assim a presença de uma função social na fala desde os primeiros meses da criança. Segundo Vygotsky pode-se, pois, perceber no desenvolvimento da fala da criança pré-intelectual e no desenvolvimento de seu pensamento um pensamento pré-linguístico. Aos dois anos de idade, o pensamento pré-linguístico e a linguagem pré-intelectual se encontram e se juntam, surgindo um novo tipo de organização linguístico-cognitivo. A esta altura quando estas duas linhas se encontram, o pensamento se torna verbal e a linguagem racional. A partir daí, a criança começa a perceber o propósito da fala e que cada coisa tem um nome. A fala começa a servir ao intelecto e o pensamento começa a ser verbalizado. Desse momento em diante, a criança passa a sentir a necessidade das palavras, tenta aprender os signos: é a descoberta das função simbólica da palavra". (FREITAS, 1994)

Para nós, professores, é valioso reconhecer que se a fala inicialmente tem um caráter social, ela precisa ser tratada desta forma no contexto escolar, ou seja, ela precisa de reposta e de significação. Como aponta Vygotsky, o social e interacional[25] também nos constitui e não somente o aspecto biológico. Reconhecer e valorizar que tanto a linguagem como o pensamento se constituem ao longo do desenvolvimento e este binômio não para de se desenvolver ao longo da vida, significa que estas aprendizagens têm que ser consideradas em sua totalidade. Mesmo sendo "pré-linguística ou pré-intelectual", no caso dos bebês, ainda assim são linguagem e pensamento se manifestando e precisando expandir-se. As experiências proporcionadas às crianças na escola, em interação com seus professores, com outras crianças e com os objetos vão solidificar este percurso de forma enriquecida. Auxiliar a criança a se expressar pela fala não é apenas um exercício de oralidade, nem questão de vocabulário e menos ainda de emissão e recepção. É mais complexo que isso, pois ao estarmos com a criança neste processo, estamos mediando sua relação com o mundo para que ela possa compreendê-lo e transformá-lo.

Considerando que este é um processo dialético – as palavras constituem o pensamento e o pensamento, as palavras – e também que uma da formas mais claras de termos acesso ao pensa-

---

[25] O social é próprio da sociedade, do conjunto de pessoas e da forma como se organizam politicamente, culturalmente etc. Interacional é o modo de se relacionar, que envolve agir em conjunto. A interação pode ser mais restrita a um grupo social, e sempre envolve reciprocidade o que nem sempre acontece no social.

mento é por meio das palavras, reforça-se a ideia da importância da mediação da palavra entre a criança e o outro, e entre as crianças e os objetos da cultura.

Outro aspecto fundamental se refere à questão simbólica. Ela aparece bem mais cedo do que se imagina. Por exemplo, quando uma criança começa a falar "não", repetindo uma fala de seus cuidadores, é por que isto já ganhou sentido e já se internalizou. O "não", muitas vezes enfático na hora de dormir ou comer ou quando a mãe vai embora para o trabalho, é explicitado pela fala e não mais apenas pelo gesto, por que ele está no pensamento da criança e esta palavra tem sentido e significado para a criança!

"Não é só expressão que ele (o pensamento) encontra na fala, mas sua realidade e sua forma". (FREITAS, 1994)

Portanto, a oralidade é fundamental para o desenvolvimento da criança, tanto do ponto de vista das interações, da vida social permeada pela conversa, como do ponto de vista cognitivo, já que a fala ajuda o pensamento a se organizar. Além de Vygotsky, outros pesquisadores importantes pontuaram esse tema

Jean Piaget (1896-1980)

Biólogo e pensador suíço, dedicou-se a estudos de psicologia, epistemologia e educação. É o pai da epistemologia genética, teoria do conhecimento com base no estudo da gênese psicológica do pensamento humano. Suas ideias são fundamentais para compreensão do desenvolvimento infantil e da construção da autonomia pela criança.

Para Piaget, a linguagem é um sistema de representação e sua aquisição vem depois do pensamento, é uma forma particular da função simbólica. Primeiro, a criança constrói estruturas de pensamento, como relações, classificações e imagens mentais para depois expressar seu pensamento em linguagem verbal.

Piaget, depois de muita observação detalhada do comportamento de seus filhos e de pesquisas com crianças de diferentes países, fez um mapeamento do desenvolvimento da inteligência começando pelo pensamento sensório-motor da criança até por volta dos 18 meses de vida, no qual por meio da ação e do movimento a criança vai construindo seu arcabouço cognitivo. Com o surgimento da função simbólica, a criança passa a evocar um acontecimento ou um objeto ausente, por meio da imitação, do jogo simbólico, do desenho, da imagem mental, da memória e da linguagem, chamado de período pré-operatório. Tanto o sensório-motor como o pré-operatório são os momentos do desenvolvimento infantil sobre os quais estamos nos debruçando neste livro.

Portanto, a aquisição da linguagem só pode ocorrer a partir do momento em que a criança entre no período pré-operatório, ou seja, só quando ela é capaz de simbolizar – representar, ou seja, colocar algo no lugar do objeto ou sentimento. Para ele nenhuma função semiótica,[26] imitação, jogo simbólico, desenho, imagem, linguagem pode ocorrer se não houver simultaneamente a estruturação do pensamento e da inteligência. Porém, para Piaget, assim como para Vygotsky, o processo de interação com o outro e com os objetos culturais são base para a criança construir o pensamento e a linguagem. Sem a interação, isso não seria possível.

---

[26] "Ao longo do período sensório-motor, entre um ano e meio e 2 anos, surge uma função fundamental para a evolução das condutas ulteriores, que consiste em poder representar alguma coisa (um 'significado' qualquer: objeto, acontecimento, esquema conceitual etc.), por meio de um 'significante' diferenciado e que só serve para esta representação: linguagem, imagem mental, gesto simbólico etc. Depois de Head e dos especialistas da afasia, chama-se em geral 'simbólica' a essa função geradora da representação, mas como os linguistas distinguem cuidadosamente 'os símbolos' e os 'sinais' é preferível empregar com eles a expressão 'função semiótica', para designar os funcionamentos fundados no conjunto dos significantes diferenciados." Piaget In: *A psicologia da criança*, p. 46.

"(...) graças a linguagem. A criança se torna capaz de evocar situações não atuais e de se libertar das fronteiras do espaço próximo e do presente, isto é dos limites do campo perceptivo." (PIAGET, 1974)

Para Wallon, "*a linguagem é o instrumento e o suporte indispensável aos progressos do pensamento (...) é muito grande o impacto da linguagem sobre o desenvolvimento do pensamento e da atividade global da criança. Com a posse desse instrumento, a criança deixa de reagir somente àquilo que impõe concretamente a sua percepção; descolando-se das ocupações ou solicitações do instante presente, sua atividade passa a comportar adiamentos, reserva para o futuro, projetos*". (GALVÃO, 1995)

Reforçamos a ideia de que antes de ter a *posse desse instrumento*, a linguagem oral, há todo um percurso a ser trilhado para sua construção, no qual a preocupação com um ambiente rico em interações verbais é fundamental. Enfim, como já tratamos anteriormente, ambiente educacional de qualidade vai para além da organização dos espaços e tempos, mas inclui o ambiente humano e todos os desdobramentos que dele podem advir.

Henry Wallon

Henry Wallon (1879-1962): médico, filósofo e psicólogo Francês. Desenvolveu estudos importantes sobre desenvolvimento infantil, integrando a linguagem, a afetividade, o pensamento e o movimento neste processo. Também enfatizou o caráter expressivo da motricidade e as emoções como parte dois primeiros modos de comunicação da criança pequena.

"A língua também é uma marca. No momento em que a criança começa a falar, diz de onde vem, mesmo que não o diga literalmente. É uma maneira de identificação. A língua é um patrimônio, um patrimônio extraordinário (...) A língua é o inglês, o francês, o espanhol, mas a linguagem é uma faculdade específica do ser humano que está enraizada em estruturas biológicas e que já está presente no nascimento. Pode-se dizer que se aprende a língua, mas não se aprende a linguagem. O bebê já vem armado com a faculdade de linguagem que vai lhe permitir aprender as línguas. E é por isso que os processos de construção de significado estão ligados à linguagem"[27].

Dizer que o bebê já vem *armado com a faculdade da linguagem* é referir-se ao aparato neuro-anatômico que constitui o órgão da fala, assim como à capacidade e aptidão para a linguagem, porém, lembramos que defendemos aqui a visão do sociointeracionismo, para o qual a linguagem é um processo sócio histórico, ou seja, datado e situado em determinado contexto em determinada época.

Neste capítulo o enfoque está na linguagem verbal, que se articula ao que foi abordado até agora: a fala do adulto com o bebê como elemento da constituição subjetiva; as falas de acolhimento; as conversas entre adultos e crianças como preponderante na composição das interações do ambiente educacional; a linguagem e seu aspecto de inserção cultural, a linguagem como elemento da brincadeira. Enfim, tudo leva a afirmar que a linguagem verbal é um tema importante da Educação Infantil.

---

[27] Evélio Cabrejo-Parra (Diretor-adjunto do Departamento de Linguística da Universidade Paris 7 – Denis Diderot). Entrevistas | setembro 2011. Música literária na primeira infância por Gabriela Romeu

Fonte: CEI São Cesário/Liga Solidária - SP

Como vimos, o bebê se comunica com o corpo, os gestos, o olhar, assim como pelo choro e as diferentes vocalizações pré-verbais. Toda sua vinculação com a mãe e adulto cuidador se dá por meio das linguagens das quais ele vai se apropriando conforme se desenvolve e caminha em seu processo de constituição psíquica.

O corpo fala, os olhares falam, o riso fala, o choro fala, as mudanças de comportamentos falam. Sem ainda se utilizar das palavras, o bebê "fala", se comunica, nos contando quando sente fome, dor, quando está satisfeito, quando descobre algo interessante, quando alguma coisa nova acontece. São os primeiros sinais comunicativos da criança que se modificam com o tempo e com os quais o bebê é capaz de se comunicar enquanto desenvolve sua capacidade cognitiva.

É bastante complexo o caminho que transforma o bebê de não falante a falante.[28] Depende sempre do contexto relacional no qual está inserido, quer dizer, se é um ambiente que favorece a

---

[28] lat. infans, 'que não fala, que tem pouca idade, novo, pequeno, criança'. Dicionário Houaiss

comunicação, se é um bebê acolhido de modo afetivo e significativo, se suas necessidades estão sendo respondidas a contento. E depende, também, se de fato o adulto que está cuidando da criança entende as manifestações expressivas do bebê como linguagem e por isso tem responsividade e o atende, atribuindo sentido as estas manifestações.

O adulto interpreta as mensagens e age em função do sentido que dá a elas; oferece o leite se entende que o choro ou o resmungo é de fome, ou agasalha se entende que é frio, bem como desencadeia uma conversa com algum bichinho de brinquedo que a criança lhe oferece.

Muitos pesquisadores debruçaram-se sobre a descoberta de como acontece a comunicação pré-verbal. Albanese e Antoniotti (1998) priorizam a observação da relação entre a criança e o adulto, marcando etapas como: chamamento pelo olhar; vocalização; combinação entre olhar, sorriso e contato; vocalizações que vão se diversificando e depois o uso intencional de sinais gestuais e vocais.

Piaget descreve "etapas" do desenvolvimento da oralidade:

- lalação espontânea[29] – entre 6 e 10 meses.

- diferenciação de fonemas por imitação – 11/ 12 meses – "palavras frases" – uma mesma palavra pode expressar várias coisas diferentes: desejos, constatações, emoções. "Água", por exemplo, pode ser: quero tomar água/ quero tomar banho/ quero brincar com água/ está chovendo/ o chão está molhado;

- final do 2º ano – frases com 2 palavras – mimi auau = o cachorro está dormindo;

- depois pequenas frases completas sem declinações e nem conjugações verbais;

- em seguida, aquisição das estruturas gramaticais. (PIAGET, 1978)

---

[29] Balbucio, repetição e ensaios da vocalização antes das primeiras palavras, modo como a criança brinca com os sons da própria voz espontaneamente. Faz parte do processo de aquisição da linguagem.

É para os jogos e condutas entre adulto e bebê assim como para as respostas e diálogos estabelecidos pelo adulto que devemos nos atentar no ambiente da creche. Mais do que saber da importância da comunicação verbal e do quanto é necessário o adulto envolver a criança na linguagem, é necessário refletirmos sobre o modo como o adulto estabelece essa conversa e interação.

De que maneira ele está vinculado à criança? Do que fala? Como fala? Fala com outros adultos enquanto lida com o bebê, fala sobre o bebê ou dirige-se a ele verdadeiramente enquanto fala?

Essas questões são importantes, pois como dissemos, a presença da linguagem na interação é um dos componentes de um ambiente educacional de qualidade, que é o que defendemos neste livro o tempo todo. É preciso que essa relação esteja mergulhada na linguagem verbal, que a criança seja tomada pela voz do adulto e seja estimulada com isso a desenvolver seu modo de responder, mas há que ser uma fala com significado, um diálogo que aposte no bebê como um ser que virá a falar e que já se comunica intensamente.

Pesquisadores ligados ao Instituto E. Pickler, na Hungria, constataram que em grande maioria das instituições de cuidado à criança, havia um retardo no desenvolvimento da linguagem. Depois de algumas observações e análises, ficou claro que isso era resultado de uma série de características negativas na linguagem daqueles que lidavam com as crianças no cotidiano.

Constataram que na maioria das vezes, tal linguagem consistia em ordens e proibições, assim como respostas impessoais, sem conteúdo e com vocabulário pobre. Eram raríssimos os momentos em que as palavras expressavam sentimentos positivos e muitas vezes eram falas imperativas. Também notou-se que se falava menos com bebês e mais com crianças maiores de três anos. As pesquisadoras, ao refletirem sobre situações problemas que aconteciam nos orfanatos, deram-se conta de que os educadores falam com as crianças do grupo, sobretudo quando algo não funciona, quando choram, quando brigam entre si. Nestas condições, as crianças se dão conta de que, se fazem alguma coisa errada, podem ter a atenção do adulto. O ponto central da pesquisa consistiu em observar com detalhes a interação entre cuidadores e crianças e suas falas em todos os momentos da rotina, buscando responder quais formas de comportamento das crianças fazem com que os educadores das instituições interajam mais e falem com elas.

Lóczy

Fundado em 1946, pela pediatra Emmi Pikler em Budapeste, Hungria, mais conhecido pelo nome de Lóczy. Iniciou no período pós-guerra como um lugar para crianças vitimas de violência e da separação de suas famílias. Tornou-se um centro de estudos sobre o desenvolvimento das competências das crianças pequenas.

Concluem que, se a educadora entende a importância dos pequenos diálogos, inclusive os mais curtos na vida das crianças, terá como resultado uma boa interação com a criança estimulando de forma positiva seu desenvolvimento verbal. Estas pesquisas levaram à elaboração de uma metodologia que estimule e promova o desenvolvimento global dos bebês.

Na metodologia de Lóczy, os educadores devem falar com os recém-nascidos e com as crianças pequenas, sobretudo nos momentos de cuidados (troca, alimentação e banho). É importante conversar com o recém-nascido em lugar de falar mecanicamente. Isto significa sair de uma simples descrição de ações para uma conversa com contato visual intenso e tons de voz que mudam a depender do que se está fazendo. Assim a criança pode perceber que há momentos durante o dia nos quais a educadora está apenas por conta dela, cuida exclusivamente dela. Fala com ela, escuta, espera a sua resposta e reage à sua resposta. Essa ideia retoma o que foi dito no capítulo 2 sobre o envelope sonoro que envolve a criança durante as enunciações em que o cuidador antecipa suas ações junto ao bebê, contando cada gesto e atitude. Este trabalho também ilustra de modo bastante claro a importância dessa interação significativa.

E os bebês... falam!

"Dessa forma, a educadora que se acostuma a essa prática, considera natural informar, inclusive a um recém-nascido, de todas as coisas que o afetam e que afetam a vida do grupo. Explica aquilo que faz com eles, por que o faz... e isso também com crianças muito pequenas que ainda não obedecem instruções nem proibições. Desde a primeira infância, as crianças necessitam que a educadora se preocupe com elas, que lhes fale, não apenas na hora dos cuidados, mas também durante os outros momentos do dia. As crianças a procuram com o olhar, depois com sinais cada vez mais variados de acordo com a idade: pedem a atenção da educadora com a qual tenham uma relação pessoal durante o cuidado"[30].

Há quem diga que essa atenção exclusiva é uma tarefa impossível, afinal temos uma história brasileira de atendimento à criança pequena marcada muitas vezes por situações precárias, com poucos adultos para muitas crianças, espaços reduzidos, condições limitadas de trabalho. Sem deixar de lutar pela reversão dessa realidade, devemos lembrar que a qualidade da interação adulto criança está muitas vezes acima dessas condições. Poder olhar, atender a criança com atitude de respeito ao seu tempo de "ser em constituição" tem relação direta com uma atitude profissional, em sintonia com a concepção que o professor tem sobre a importância de seu trabalho e as urgências relacionais de um bebê, do que às condições de trabalho propriamente ditas.

Há questões claras de organização do tempo, já discutidas no capítulo 5, no qual as atividades de cuidados precisam ser valorizadas como atividades de interação exclusiva com cada criança e precisam ser distribuídas ao longo do dia, evitando-se os cuidados massificantes e os longos tempos de espera inativa – e sem significado. Acreditamos que o tempo de conversar com o bebê e olhar para ele com intenção é sempre possível, se colocado no âmbito das prioridades. E para isso, todas as questões discutidas

---

[30] Relação através da linguagem entre as educadoras e as crianças do grupo; Katalin Hevesi em: Educar os três primeiros anos, a experiência de Lóczy. Judith Falk (org.), Araraquara: JM Editora, 2004.

até agora convergem para a construção de um ambiente educacional que permita o atendimento desta prioridade.

Para além do falar...

Que outras ações, além das conversas dirigidas ao bebê podem compor o dia a dia da creche no sentido de enriquecer as interações verbais contribuindo assim para o desenvolvimento e aprendizagem da criança?

As cantigas, os brincos, as rimas, as lengas-lengas, já apresentadas no subcapítulo Brincar e Movimento, vistas como as brincadeiras de tradição oral são instrumentos que compõem as interações verbais. Para além da objetividade das conversas informativas, que apresentam o jogo de comunicação e a estrutura da língua materna, há uma modalidade da linguagem de aspecto mais lúdico, que evidencia ritmo, melodia, entoação e que figura como *"instanciadora de uma subjetividade brincalhona"*. (BELINTANE, s/d) É quando as palavras brincam num diálogo de outra dimensão, desdobramentos literários e artísticos que permeiam de afeto e de cultura as relações verbais. Como nomeou o arte-educador Chico dos Bonecos[31], são os *"brinquedos invisíveis, aqueles que usam artifícios da própria linguagem para se fazer valer com interação lúdica"*. (BELINTANE, s/d) Há que lançar mão do nosso repertório de tradição oral e ampliá-lo no ambiente coletivo. Cada um tem na memória algo para contar, algo que a avó lá do interior cantava para a neta que veio para a cidade, coisas que aprendemos na rua, no recreio da escola e também no berço e no trocador, capturados por um momento especial com o adulto. No capítulo 6 e no anexo sobre música, ao falarmos das brincadeiras, apresentamos algumas ideias e sugestões.

---

31 Francisco Marques, ou Chico dos Bonecos, como é conhecido, é mineiro formado em letras, poeta, contista e "desenrolador" de brincadeiras. Escreveu vários livros infantis e desenvolve oficinas e espetáculos por todo o Brasil.

As rodas de conversas e as rodas de histórias caracterizam outros momentos preciosos para o desenvolvimento da linguagem oral. Lembramos que, em se tratando de bebês, quando falamos em roda não necessariamente é um círculo de crianças sentadas lado a lado de modo organizado e simétrico. Afinal, algumas já sentam sozinhas, outras precisam de apoio, outras já ficam em pé e não param muito tempo quietas, outras ficam de bruços apoiadas no cotovelo com as pernas esticadas para trás, mas estão juntas prestando atenção na brincadeira ou conversa propostas pelo professor.

As conversas em roda, significam a possibilidade de a criança aprender a ouvir os outros e a esperar o outro terminar para falar, característica essencial para quem vive em sociedade e que pode ser exercitada no coletivo da Educação Infantil. Conversar em roda é uma das práticas sociais de comunicação das mais antigas. É a situação em que os sujeitos colocam em jogo muitas competências linguísticas – descrever, explicar, relatar, argumentar etc. – articuladamente. Aprender a se colocar diante de um público pressupõe viver situações coletivas instigantes e provocativas.

A formação da roda é especialmente interessante para a interação porque permite que se enxerguem quem está falando, suas expressões faciais e gestos que, com a voz, compõem o texto, o contexto e o estilo próprio do falante em uma situação de comunicação.[32]

Essas conversas podem ser desencadeadas por alguma situação vivida no momento ou por algum recurso de apoio, como imagens de bichos, objetos, brinquedos que sejam interessantes. Devem se constituir em atividades permanentes e diárias.

---

[32] São Paulo (SP). Secretaria Municipal de Educação. Diretoria de Orientação Técnica. Orientações curriculares: expectativas de aprendizagens e orientações didáticas para Educação Infantil/Secretaria Municipal de Educação – São Paulo: SME / DOT, 2007.

As crianças fazem assim...

A seguir apresentamos uma conversa entre crianças pequenas para ilustrar essa prática:

— Bom dia pessoal! Hoje é segunda-feira e no final de semana, que é sábado e domingo, ninguém vem na escola. A gente fica em casa, vai passear...

— Neste fim de semana a Carolina Vitória foi passear.

— Má, conta para os amigos onde você foi no final de semana?

Carolina fica muda, como se eu tivesse falado outra língua e ela não tivesse entendido nada. Então digo novamente.

— Carol, conte aos amigos que você foi para Campos do Jordão!

Ela abre um sorriso como se dissesse. Opa! Agora a conversa tá fazendo sentido.

— Fui, fui – ela diz.

— Quem mais foi?

— A Juju.

— A Juju foi para Campos, quem mais?

— O Tato.

— Olha, a Juju foi para Campos com o Tato. *Tava* frio lá?

— Frio.

— Quem mais foi passear no final de semana?

— Eu – diz Henrique.

— Olha, o Henrique também foi passear?

— Onde você foi?

—Vó.

— O Henrique foi na casa da vovó!

E os bebês... falam!

—Você almoçou na casa da vovó?

Nessa hora ele ficou mudo.

—Você comeu sopa ou macarrão?

— Ao.

— O Henrique almoçou na casa da vovó e comeu macarrão.

— Laura, você foi passear? (pergunto a ela porque demonstrava estar ansiosa para falar)

— Eu fui no shopping.

— Eu brinquei de boneca.

— E você Sabrina? Foi passear?

Ela ficou muda.

— Gabriel, onde você foi?

— Não fui pra lugar nenhum.

— O Gabriel ficou em casa, não foi passear!

— E você Amanda.

— Eu fui no médico.

— Ele te deu remédio?

— Deu.

Sabrina entra na conversa e diz:

— Eu estou com tosse.

Como o assunto era o que fizemos no final de semana, digo:

— Você ficou em casa por que estava com tosse?

Ela acena com a cabeça que sim.

— Eu também fiquei em casa porque estava com gripe e febre.

Henrique levanta e vai passar embaixo das mesas. Carolina se interessa pela brincadeira. Encerramos a conversa e fomos desenhar.

Ao parar e ler o que foi anotado na roda de conversa, fica claro que aos dois anos é necessário que saibamos algo que a criança tenha feito para poder conversar sobre o assunto. Eu sabia que Carolina havia viajado para Campos e isso pode dar início a conversa. Outra coisa que me chamou atenção é que em certos momentos eles parecem não compreender o que falamos e quando escutam algo familiar, que conhecem, que faz sentido, participam da conversa. Percebi isso quando perguntei a Carol onde foi passear. No início ficou muda e quando eu disse Campos do Jordão, foi como se eu mexesse no local certo para dar o início à conversa. A mesma coisa com Sabrina. Ao perguntar se havia ido passear, ficou muda. Depois, quando uma amiga fala que foi ao médico ela entra na conversa e diz que estava com tosse. Será que a palavra médico fazia mais sentido para ela fazendo com que dissesse que estava com tosse? Ela realmente havia faltado na escola por causa de doença. Bom, é difícil tentar entender porque dizem ou deixam de dizer, mas, no final foi uma boa conversa.

(Roda de conversa – 17/05/2004.
Maria Inês Miranda Righi – professora da Escola Projeto Vida) ■

A roda também pode ser o momento de apresentar alguma imagem (de preferência em suporte resistente como papelão ou plastificada) que ficará fixada na parede ao alcance do olhar do bebê durante seus passeios pela sala. Essa imagem, por exemplo, reprodução de uma obra de arte instigante ou uma imagem bem definida e atrativa, como um cachorro, pode, nesse momento da roda, ser manipulada por eles que, na fase sensório-motora precisam ver com as mãos e não apenas com os olhos. Ainda que os bebês não estejam falando de forma articulada, podem ouvir os relatos da professora ou ensaiar responder perguntas sobre animais que tenham em casa, podem imitar o som do latido, ou simplesmente dizer sem parar *auau-auau-auau*.

Fonte: CEMEI Profª Diná Ferreira Cury Dias Batista/SME APIAÍ

Ler para o bebê como forma de ampliar o universo interativo e simbólico

> Ler para os bebês ainda não falantes é uma prática que vem se consolidando cada vez mais. Várias são as experiências em torno dessa ideia, assim como as pesquisas de estudiosos que a fundamentam. Não há mais dúvida sobre a importância da narrativa na constituição psíquica do bebê, nem sobre o valor das histórias no aprendizado como um todo. A capacidade de representar o mundo começa cedo e quanto mais cedo a leitura for introduzida na vida da criança, melhor. (FARIA, 2010)

Não é apenas o vocabulário da língua que se amplia, mas o repertório simbólico para compreender o mundo e interagir com ele, assim como a capacidade de pensar e de elaborar soluções para as diversas situações que vão se apresentar pela vida.

No ambiente da creche, há que se priorizar os espaços de leitura, tanto para que adultos leiam e mostrem livros para as crianças, como para que os próprios bebês possam ter acesso a eles, ler e apreciar as figuras, manusear suas páginas, acompanhar a história. Podem ser cantos com acolchoados, almofadas, tapetes nos quais se encontrem livros em pequenos móveis, cestas ou estantes baixas para que possam ser alcançados pelos que ainda não andam. Esse tema já causou muita discussão nos ambientes educacionais: *"livros para bebês? Vão rasgar"*, *"ler para pequenos, por que não apenas contar?"*.

Sim, pode ser que no início os bebês rasguem os livros, antes disso, que os levem a boca, mas tudo é uma questão de hábito e de apropriação de uma ação fundamental para seu desenvolvimento. A colombiana Yolanda Reyes, especialista em literatura e fundadora de uma livraria que com o tempo se voltou para um projeto cultural de formação de leitores, disse ao relatar sua experiência:

> "O primeiro a fazer é despreocupar os adultos de que as crianças vão comer e rasgar os livros. Tirar os livros das estantes. Se a pessoa apenas trabalha adotando livros e não forma as pessoas, não faz nada. Na Espantapájaros (livraria e centro cultural) temos uma sessão que se chama 'os mais mordidos'. Em um baú de livros colocamos um letreiro que diz: 'Os mais mordidos' – 'Estes são os mais mordidos do mês'"[33].

De um modo tranquilo e curioso, Yolanda nos conta da experiência dos bebês com o livro como parte da formação do leitor.

---

[33] Portal educAR – educar.com.ar

E os bebês... falam!

"Entendemos que os livros mais mordidos são os preferidos dos bebês, os que foram mais escolhidos. Acreditamos que no ambiente educacional, na interação com o adulto leitor, a criança vai aprender aos poucos a manusear esse livro de forma a não rasgá-lo, mas nesse primeiro momento o que importa é a experiência de tornar-se leitor e sabemos que ainda pequena, no período sensório motor, a criança lê com os olhos, ouvidos, mãos e boca, enfim, lê com todos os seus sentidos."[34]

Outro estudioso também colombiano e especialista em leitura na primeira infância, Evélio Cabrejo-Parra fala de modo sensível sobre essa experiência precoce:

"A língua é um berço inesgotável de música, um encontro infinito de palavras. Mesmo que pudéssemos juntar todas as bibliotecas de São Paulo, do Brasil e de Portugal, nunca encontraríamos todas as possibilidades musicais da língua. Daí o caráter infinito do encontro de palavras. E cada encontro de palavras produz uma música diferente. E por isso é maravilhoso que haja muita literatura"[35].

Este autor nos apresenta uma visão interessante da leitura, valorizando a "música da literatura", ou seja, as diferentes entonações, modulações e ritmos que a leitura de uma história, conto ou poesia pode proporcionar.

Para finalizar, voltamos a citar esse autor, para que fique marcado que educar o bebê não é uma preocupação com o *adulto que ele virá a ser*, mas com quem ele é hoje e todas as suas experiências de constituição.

---

[34] Idem

[35] Evélio Cabrejo-Parra (Diretor-adjunto do Departamento de Linguística da Universidade Paris 7 – Denis Diderot). Entrevistas | setembro 2011. Música literária na primeira infância por Gabriela Romeu

"Crescer é isso, constituir-se, como sujeito linguístico de uma comunidade. Não se trata de favorecer o conhecimento futuro das crianças, é uma necessidade. As crianças são capazes de introjetar e interiorizar para incorporar ritmos e, precisamente, os adultos têm que saber que isso faz parte do alimento simbólico, necessário para a construção psicológica das crianças".[36]

Fonte: Creche Profª Diná Ferreira Cury Dias Batista/SME APIAÍ

Referências bibliográficas

ALBANESE, Ottavia e ANTONIOTTI, Carla. **O desenvolvimento da linguagem**. In: Bandiolli, A; Mantovani,S. Manual de Educação Infantil – de 0 a 3 anos. Porto Alegre: Artmed, 1998.

BELINTANE, Claudemir. **Vamos todos Cirandar.** São Paulo: Duetto Editorial, s/d. (A mente do bebê, v. 3)

FARIA, Fabiana. Bebeteca: lugar de pequenos leitores. **Revista**

---
[36] Idem

Nova Escola, 12 ago. 2010.

FREITAS, Maria Teresa de Assunção – **Vygotsky & Bakhtim – psicologia e educação: um intertexto**. São Paulo: Editora Ática, 1994.

GALVÃO, Izabel. **Henri Wallon – uma concepção dialética do desenvolvimento infantil**. Petrópolis: Vozes, 1995

HEVESI, Katalin. *Relação através da linguagem entre as educadoras e as crianças do grupo*. In FALK, Judith. **Educar os três primeiros anos, a experiência de Lóckzy**. Araraquara: JM Editora, 2004.

OLIVEIRA, Zilma Ramos de. **Educação Infantil: Fundamentos e Métodos**. São Paulo: Cortez, 2002.

PIAGET. J. **Seis estudos de psicologia**. Rio de Janeiro: Forense Universitária, 1978.

PIAGET, J; INHELDER, B. **A psicologia da criança**, Rio de Janeiro: Difel/Saber Atual, 1974.

REYES, Yolanda. **A casa imaginária – leitura e literatura na 1ª infância**. São Paulo: Global editora, 2010.

REYES, Yolanda. Palestra no Seminário **Conversa ao pé da página**. SESC Pinheiros. 17 abr. 2011

SÃO PAULO. **Orientações curriculares: expectativas de aprendizagens e orientações didáticas para Educação Infantil.** São Paulo: Secretaria Municipal de Educação: SME/DOT, 2007.

8 Acompanhando as aprendizagens e o desenvolvimento das crianças

Pautas de observação: como construir um olhar específico para o bebê?

Até aqui muito já se falou sobre a importância do olhar atento para o bebê.

Olhar atento é olhar sensível, olhar cuidadoso, olhar que espera, olhar que antecipa, prevê, planeja, organiza. Olhar que conhece, acolhe, envolve, oferece afeto, põe limites, dá segurança, indica caminhos. Olhar de quem acompanha e se envolve em um processo repleto de detalhes e riquezas.

Enfim, muito se exige desse olhar específico ao bebê em ambientes coletivos de educação.

Quando propomos aos professores que tenham este olhar, com certeza estamos propondo que o construam por meio de sua formação continuada. Formação continuada é direito de todos os profissionais, e dos professores mais ainda, pois o objeto de sua ação são as crianças e suas famílias, pessoas que *"afinam e desafiam"* como diz nosso mestre Guimarães Rosa.

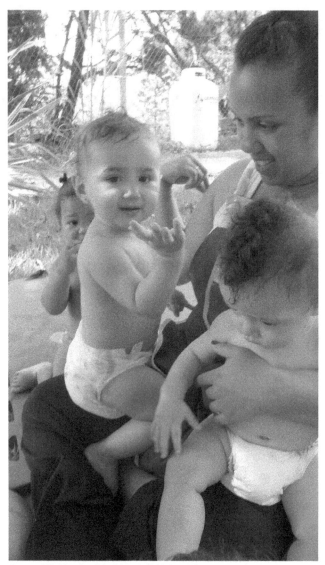

Fonte: CEI São Cesário/Liga Solidária - SP

A formação realizada no interior das intuições por meio do compartilhamento dos saberes exige também forte parceria com o coordenador pedagógico condutor da formação, como aquele que pode ajudar mais porque tem maior conhecimento das didáticas, porque tem um olhar mais abrangente sobre as necessidades formativas do grupo e porque tem inúmeros instrumentos de formação a seu dispor, para que sua ação seja cada vez mais refinada.

Acompanhando as aprendizagens e o desenvolvimento das crianças

No entanto, o coordenador pedagógico não pode realizar nada se não for alimentado pelo olhar do professor sobre as crianças e sobre o próprio trabalho.

Como construir um olhar que avalia, que analisa para tomar decisões? Um olhar reflexivo que não julga e critica sem contextualizar, mas que valoriza cada passo de um processo? Como o professor pode se incluir nesse processo, percebendo a si mesmo no contexto da avaliação, quando atribui sentido a ela e toma consciência de suas próprias concepções de desenvolvimento, aprendizagem, papel da escola de Educação Infantil, e representações do que seja criança e do trabalho educativo com esta faixa etária?

Jussara Hoffmann, professora da Faculdade de Educação da URRS, especialista em Avaliação, nos ajuda a dimensionar o tamanho e a complexidade desta tarefa:

> "(...)Desde os mistérios e surpresas de um recém nascido, às fantasias das crianças maiores, travessuras ou olhares reveladores, deparamo-nos com uma enorme e séria tarefa de observá-las e compreendê-las para lhes oferecer as melhores oportunidades de conhecer a si próprias e à realidade, através de experiências ricas e significativas. Compreendendo a criança, o professor redimensiona o seu fazer a partir do mundo infantil descoberto e ressignificado. E essa significação decorre diretamente da qualidade de sua interação com a criança. É essa complexidade própria da avaliação em Educação Infantil". (HOFFMANN, 197)

Nossa intenção neste capítulo final é justamente auxiliar o professor a compreender essa complexidade a partir do exercício da observação, do registro, e da reflexão, olhando cada criança como única e evitando cair nas armadilhas de parâmetros de normalidade e de comparação assim como de um processo burocrático a ser cumprido.

"Através da observação e da escuta atenta e cuidadosa às crianças, podemos encontrar uma forma de realmente enxergá-las e conhecê-las. Ao fazê-lo tornamo-nos capazes de respeitá-las pelo que elas são e pelo que querem dizer. Sabemos que, para um observador atento, as crianças dizem muito, antes mesmo de desenvolverem a fala. Já nesse estágio, a observação e a escuta são experiências recíprocas, pois ao observarmos o que as crianças aprendem, nós mesmos aprendemos." (GANDINI e GOLDHABER, 2002)

Gostaríamos que a observação se tornasse uma prática incorporada ao fazer do professor tão vital e natural quanto a respiração. Para isso, pensamos em mapear algumas práticas que, a nosso ver, demonstram consistências e podem auxiliar o professor nesta tarefa.

No decorrer dos capítulos anteriores, definimos a creche como:

- lugar de desenvolvimento e crescimento, portanto seguro, interativo e saudável;

- lugar de constituição subjetiva, de acolhimento, de atribuir significados a cada ação e situação e sustentar a separação com a família;

- lugar de aprendizado, ou seja, lugar de direito, que oferece múltiplas experiências, diversidade nas interações, e possibilidade de vivências culturais.

Até aqui oferecemos elementos que podem auxiliar o educador a ter uma visão específica daquilo que julgamos de qualidade para ser oferecido as crianças. Assim como oferecemos o referencial teórico para ajudá-lo na análise do que encontra em sua realidade. Os elementos de análise são vitais para que a creche encarrilhe na direção almejada.

Vamos nos deter agora nos elementos que precisam ser observados para que o trabalho de análise da realidade tenha sentido e serventia – vamos tratar do para **o que** olhar. Estamos falando em pautas de observação que balizarão a avaliação dos processos e ações tanto da formação como dos ajustes necessários à execução do trabalho com os bebês.

Acreditamos que seja possível construir três campos de observação e avaliação:

1. *Avaliação da dimensão institucional* que inclui: espaços, materiais, tempo e as diferentes interações e experiências tanto do âmbito interno (crianças e funcionários) como externo (família, comunidade);

2. *Avaliação do desenvolvimento global da criança*: o crescimento, o amadurecimento e suas diferentes competências e aprendizagens;

3. *Avaliação formativa dos profissionais.*

Existem algumas concepções diferentes sobre o que venha a ser avaliação em Educação Infantil. Há aqueles que valorizam as competências das crianças não levando em conta as interações; há quem padronize alguns comportamentos esperados e classifique as crianças de acordo com um conjunto de padrões, o que nas concepções teóricas abordadas por nós até agora seria inconcebível; há quem busque enxergar o que está acontecendo no trabalho pedagógico e o que a criança é capaz de fazer sem qualquer estrutura predeterminada de expectativas e normas. Para iniciar essa discussão, fundamentamos o conceito de avaliação de acordo o art. 10 das últimas Diretrizes Curriculares Nacionais do Currículo de Educação Básica de 2009:

> "As instituições de Educação Infantil devem criar procedimentos para acompanhamento do trabalho pedagógico e para avaliação do desenvolvimento das crianças, sem objetivo de seleção, promoção ou classificação, garantindo:
>
> I. a observação crítica e criativa das atividades, das brincadeiras e interações das crianças no cotidiano;

II. utilização de múltiplos registros realizados por adultos e crianças (relatórios, fotografias, desenhos, álbuns etc.);

III. a continuidade dos processos de aprendizagens por meio da criação de estratégias adequadas aos diferentes momentos de transição vividos pela criança (transição casa/instituição de Educação Infantil, transições no interior da instituição, transição creche/pré-escola e transição pré-escola/Ensino Fundamental);

IV. documentação específica que permita às famílias conhecer o trabalho da instituição junto às crianças e os processos de desenvolvimento e aprendizagem da criança na Educação Infantil;

V. a não retenção das crianças na Educação Infantil".

Esses procedimentos específicos que cada instituição deve criar só podem resultar de um processo formativo consistente.

Fonte: Espaço bebê/Clube Hebraica

Avaliação formativa

Lembramos que, como marcam os RCNs:[37]

> "No que se refere à avaliação formativa, deve-se ter em conta que não se trata de avaliar a criança, mas sim as situações de aprendizagem que foram oferecidas. Isso significa dizer que a expectativa em relação à aprendizagem da criança deve estar sempre vinculada às oportunidades e experiências que foram oferecidas a elas".

Vale lembrar que quando falamos em oportunidade de experiência oferecida à criança, nos referimos ao trabalho do contexto institucional e, portanto, ao trabalho de toda a equipe da creche e também na interação com as famílias.

Em primeiro lugar, além da formação inicial obrigatória, citada no capítulo 1, é fundamental que o professor tenha acesso à formação continuada, ou seja, um espaço de reflexão constante com seus pares. Estabelecer de forma regular um espaço de troca sobre os diferentes olhares que cada bebê suscita (olhar para seu crescimento, para seu humor, para seu jeito próprio de aprender, para a aquisição de nova competência, para a sua história...), assim como dos olhares diversificados entre os adultos, pois cada um tem seu modo próprio de olhar, e valorizam aspectos diferentes da mesma situação. Olhar observador e reflexivo é algo que se constrói com a experiência, que se aprende a ter. Nosso olhar é fruto de nossas vivências e aprendizagens e se constrói ao longo de toda a vida, como apontamos ao falar no capítulo 6 sobre a dimensão cultural da ação do educador, que ao ampliar o seu universo cultural, está lapidando seu modo de olhar e considerar as peculiaridades de cada contexto. Mirian Celeste, arte-educadora brasileira (MARTINS, 1992), ao falar do olhar como percepção que tem capacidade de conhecer (percepção cognoscitiva),

---

[37] Referenciais Curriculares Nacionais para Educação Infantil. MEC, 1989. Vol 1, p.50.

nomeou de *"sensível olhar pensante"* esse olhar *que pensa, reflete, sente, interpreta, avalia.* Olhar que é curioso, **que estabelece relações**, vê diferenças. O ver e o escutar fazem parte do processo da construção desse olhar (FREIRE, 2008), por isso é necessário esse espaço de troca reflexiva no trabalho de formação das creches. Escutar o outro relatando suas experiências, ouvir sobre o trabalho realizado pelo olhar do outro ou pelo próprio olhar distanciado.

Queremos enfatizar a importância da observação na formação, mas não entraremos aqui na discussão sobre possíveis metodologias de formação, pois estaríamos adentrando em um vasto campo sobre gestão pedagógica e modelos de funcionamento de cada instituição, que mereceriam um tratamento especial e aprofundado. Porém, lembramos que a discussão sobre a prática pedagógica, a atualização sobre os conhecimentos que se têm do bebê e o diálogo com as teorias permitem uma maior apropriação por parte do professor, tanto de conhecimentos específicos sobre a criança pequena quanto de seu papel junto a ela. Por exemplo, observar uma situação cotidiana em que bebê e adulto estejam interagindo, assim como uma atividade coletiva planejada, registrá-la – por escrito, foto ou imagem – e analisá-la em grupo é uma das possíveis estratégias para suscitar essa reflexão.

É fundamental estabelecer, com constância, trocas coletivas entre aqueles que estão no dia a dia com o bebê e aqueles que acompanham esse profissional. Fazer, olhar, pensar e replanejar, o que entendemos como *ação reflexão ação* (ALARCÃO, 1996).

"Como os bebês reagem aos diferentes estímulos que lhe são oferecidos?"

"Como o bebê está em relação ao que é esperado para um bebê da sua idade?"

"A creche está ouvindo o bebê em suas particularidades?"

"De que forma o ambiente todo da creche pode ser modificado para melhor atender esse bebê?"

"O que e como os bebês estão aprendendo nesse espaço coletivo?"

Estas são algumas das questões que podem orientar o cotidiano de planejamento e ação. Como já enfatizamos, a forma de aguçar esse olhar e avaliar a prática pedagógica vai depender de cada instituição. Porém, existem instrumentos de avaliação construídos a partir de pesquisas científicas específicas, baseados em concepções de educação que regem as diretrizes nacionais para Educação Infantil, e que podem nos auxiliar nesse olhar reflexivo.

Escolhemos três deles para indicar, privilegiando um para cada campo de observação citado, com indicadores específicos que auxiliam no refinamento desse olhar.

INDIQUINHO – Indicadores de Qualidade da Educação Infantil

Resultado de um longo processo de consulta realizado pela Secretaria de Educação Básica do Ministério da Educação e publicado em 2009, este instrumento pretende

> ajudar os coletivos – equipes e comunidades das instituições de Educação Infantil a encontrar seu próprio caminho na direção de práticas educativas que respeitem os direitos fundamentais das crianças e ajudem a construir uma sociedade mais democrática.

Ou seja, sua intenção é ser um instrumento de autoavaliação permanente das escolas de Educação Infantil e ser usado para a tomada de decisões em busca dos objetivos do projeto pedagógico, alinhados às políticas públicas referentes à Educação Infantil.

Os padrões de qualidade dependem de diferentes fatores, como valores pessoais, tradições de cada cultura, conhecimentos científicos sobre a criança, assim como o contexto histórico, social e econômico no qual a escola se insere.

No caso específico da Educação Infantil, a forma como a sociedade define os direitos da mulher e a responsabilidade coletiva pela educação das crianças pequenas também são fatores relevantes.

Mesmo com esse caráter aberto, a definição de critérios de qualidade precisa levar em consideração alguns aspectos importantes, tais como:

- garantia de que os Direitos Humanos fundamentais sejam norteadores de qualquer processo educativo;

- reconhecimento e valorização das diferenças de gênero, étnico-racial, religiosa, cultural e relativas a pessoas com deficiência;

- concepção de qualidade na educação, fundamentada em valores sociais mais amplos, como o respeito ao meio ambiente, o desenvolvimento de uma cultura de paz e a busca por relações humanas solidárias;

- respeito à legislação educacional brasileira, que define as grandes finalidades da educação e a forma de organização do sistema educacional, regulamentando essa política nos âmbitos federal, estadual e municipal;

- os conhecimentos científicos sobre o desenvolvimento infantil, a cultura da infância, as maneiras de cuidar e educar a criança pequena em ambientes coletivos e a formação dos profissionais de Educação Infantil.

Com base nisso, os indicadores de qualidade estão organizados em sete dimensões, que abrangem o universo da escola:

- planejamento institucional;

- multiplicidade de experiências e linguagens;

- interações;

- promoção da saúde;

- espaços, materiais e mobiliários;
- formação e condições de trabalho das professoras e demais profissionais;
- cooperação e troca com as famílias e participação na rede de proteção social.

O que fica claro na escolha dessas dimensões para os indicadores de qualidade é que educar os pequenos implica em algo muito maior, implica em incluir aqueles que os trazem para a instituição, portanto, seu contexto familiar e social, o lugar em que ficam, formar e conhecer cada uma das pessoas com quem se relaciona durante o dia e o que vivencia em cada dia na creche.

Para conhecer e utilizar o INDIQUINHO, como é conhecido, acesse o site do MEC pois o documento está disponível para *download*. (www.portal.mec.gov.br) – localize a SEB/Educação Infantil e procure as publicações.

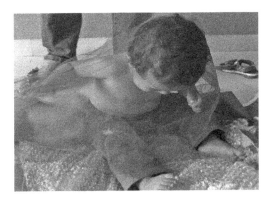

Fonte: Creche Profª Neide dos Santos Lisboa Fischer/SME APIAÍ

IRDI – Indicadores Clínicos de Risco para o Desenvolvimento Infantil

Nesta pesquisa, realizada pelo Ministério da Saúde entre 2000-2008 por uma equipe de profissionais representantes de todas as regiões brasileiras, principalmente profissionais das áreas da saúde mental, privilegiou-se, sem desconsiderar o âmbito da maturação, a articulação entre desenvolvimento e sujeito psíquico. Inicialmente elaborada para ser utilizada por pediatras e instituições de saúde, teve como objetivo principal verificar a adequação de alguns indicadores para a detecção precoce dos problemas de desenvolvimento observáveis nos primeiros 18 meses de vida da criança. (JERUSALINSKY, 2008)

Consideramos de fundamental importância que os professores conheçam este instrumento, por que os aspectos de saúde mental geralmente não são considerados e nem vistos como tal. As pessoas em geral têm preocupações centradas nos aspectos dos cuidados, querem saber se a criança comeu bem ou dormiu bem, como está se movimentando, como são suas brincadeiras, e olham para estes fatores em si mesmos, não imaginando que trazem em seu bojo aspectos relativos ao funcionamento da pessoa, da construção de si mesmo e da vinculação, essenciais à saúde mental. Ao oferecer o conhecimento se tudo vai bem ou se há algum pequeno problema tão precocemente, o IRDI pode ajudar os professores a terem intervenções mais apuradas e que ajudem mais as crianças, evitando problemas futuros.

Em relação aos "problemas de desenvolvimento", a pesquisa IRDI considerou que podem ser reunidos em dois tipos. No primeiro deles, os problemas de desenvolvimento sinalizam a presença de dificuldades subjetivas que afetam ou incidem no desenvolvimento da criança, mas não questionam a instalação do sujeito psíquico. Exemplos destes quadros clínicos podem ser: hiperatividade, problemas com regras e leis, enurese, inibições psicomotoras, fobias etc. O segundo tipo, chamado também de "problemas na

Acompanhando as aprendizagens e o desenvolvimento das crianças

> constituição subjetiva" compreende as dificuldades de desenvolvimento sinalizadoras de entraves no processo mesmo de constituição subjetiva. Indicam problemas mais estruturais, apontando um risco de evolução em direção às psicopatologias graves da infância, tais como autismos, psicoses, psicossomática, quadros de delírio, mutismo etc., atualmente denominados "distúrbios globais do desenvolvimento", cuja definição psiquiátrica encontra-se no DSM-IV (Associação Americana de Psiquiatria, 2005). [38] (JERUSALINSKY, 2008)

Para nossa discussão aqui, consideramos uma modificação deste instrumento que foi realizada a partir dos 31 indicadores que o compõem, dos quais foram escolhidos aqueles de poder preditivo para risco psíquico. Além disso, foi também adaptado ao universo da instituição coletiva e, portanto, foca a relação da criança com o educador e não com a mãe[39].

Denominado IRDI 18, este instrumento é dividido em quatro momentos da vida da criança: 0 a 4 meses incompletos; 4 a 8 meses incompletos; 8 a 12 meses incompletos; 12 a 18 meses incompletos. Com três ou mais indicadores para cada uma dessas idades, o que os orientam são quatro eixos que balizam a constituição da subjetividade. Sustenta-se a hipótese de que a ausência destes aponta para problemas na estruturação dessa subjetividade (JERUSALINSKY, 2008):

- Supor um Sujeito (SS) – caracteriza uma antecipação, realizada pela mãe ou cuidador, da presença de um sujeito psíquico no bebê, que ainda não se encontra, porém, realmente constituído. Por isso conversamos com o bebê mesmo quando mal abriu os olhos;

---

[38] Reforçamos, como diz Rosa Mariotto (2009) "O compromissos dos CEIs e de qualquer espaço escolar está mais além de efetuar encaminhamentos para avaliação psicopedagógica e psiquiátrica. O fato de uma criança se submeter a tratamento não exclui o campo educativo deste trabalho. Sua função preventiva reside justamente em inclui-se nessa discussão como parte integrante no trabalho de acompanhamento e tratamento nos casos necessários".

[39] Em anexo apresentamos na integra este instrumento.

- Estabelecer a demanda da criança (ED) – compreende as primeiras reações involuntárias e reflexas que o bebê apresenta ao nascer, tais como o choro, a agitação motora, a sucção da própria língua, que precisam ser interpretadas pelo cuidador como um pedido que a criança dirige a ele. Por exemplo, o bebê chupa a própria língua e a mãe lhe oferece o peito entendendo que ele quer mamar;

- Alternar presença e ausência (PA) – refere-se às ações mínimas nas quais a presença materna/cuidador vai se tornando símbolo da satisfação substituindo a presença do objeto real. Quer dizer, aos poucos, quando a mãe sai, o bebê vai conseguindo ficar sem ela, pois já consegue saber que ela vai voltar ou encontra recursos de satisfação que o ajudam a esperar. Por exemplo, as brincadeiras com os objetos. É quando dizemos que o bebê já não sofre tanto com a ausência do adulto porque se 'distrai' sozinho;

- *Função Paterna* (FP) – trata-se do registro que a criança tem progressivamente da presença de uma ordem de coisas que não depende da mãe, embora essa ordem possa ser transmitida por ela. Essa ordem toma para a criança, e também para a mãe, a forma de regras e normas que introduzem o não na vida e no pensamento da criança. (Veja no anexo as perguntas que norteiam estes indicadores).

Numa visão breve sobre os sinais de saúde, a criança precisa: olhar para o educador quando este a chama de alguma forma, tomar a iniciativa de brincar e interagir com o adulto e não apenas esperar pelo adulto, dar continuidade às brincadeiras iniciadas pelos adultos, "conversar", dormir bem, comer bem na maioria dos dias.

Enfim, para reconhecer a creche como um lugar onde cuidado e educação estão inter-relacionados, é importante articular diferentes temas ao mesmo tempo, como a relação educador/bebê, a relação entre educadores e pais, a relação entre os profissionais da instituição.

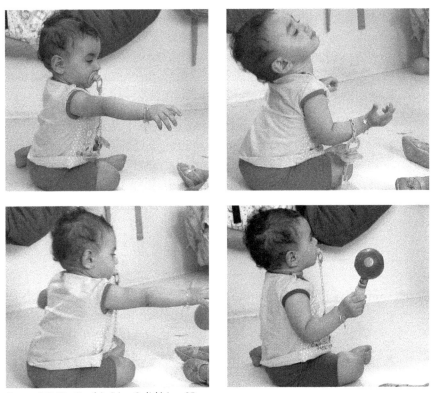

Fonte: CEI São Cesário/Liga Solidária - SP

O modelo *Touchpoints*

O Dr. T. Berry Brazelton, professor de pediatria e desenvolvimento humano da Universidade Brown,[40] dirige o Instituto Brazelton que pesquisa o NBAS, uma escala de avaliação comportamental neonatal, que olha não apenas as questões físicas e neurológicas mas as questões emocionais e as diferenças individuais. Dirige também o Centro *Touchpoints*, uma escola de formação do uso da abordagem preventiva disseminadas pelo *Touchpoints*. Este é um modelo que aponta os saltos de desenvolvimento da criança nos 3 primeiros anos de vida, que afeta diretamente aqueles que estão à sua volta, familiares ou professores.

---

[40] Universidade Brown, localizada em Providence, Rhode Island, foi fundada em 1764, antes da independência dos Estados Unidos, e foi a primeira universidade a aceitar alunos de qualquer religião.

Elas ajudam a mapear o desenvolvimento infantil de forma que o que a criança está passando possa ser identificado ou antecipado, e as diferentes formas de se lidar com eles. Estes pontos são descritos sob o ponto de vista dos cuidadores naquilo que realmente importa para quem está junto à criança.

Os profissionais do centro Brazelton usam os *Touchpoints* como uma estratégia de aproximação e acompanhamento das famílias, auxiliando-as em suas dificuldades e valorizando suas potencialidades, o que tranquiliza as famílias e as fortalece. Ajuda os pais as se sentirem mais confiantes em si mesmos e em relação aos seus filhos.

> "A essência do treinamento do *Touchpoints* está na orientação antecipatória preventiva, sua abordagem é multidisciplinar e seu foco está no interesse comum na criança compartilhado por pais e provedores."[41]

A título de curiosidade vejamos como o modelo descreve o que acontece com um bebê em torno de 9 meses na área social:

> "O bebê está agora se tornando mais consciente das reações parentais à sua atividade. Ele pode engatinhar para um local proibido e esperar por uma reação. Isto abre um mundo novo de entendimento e desentendimento mútuo para pai e filho."[42]

Ora, uma observação deste teor não leva a nenhuma conclusão, não faz nenhuma comparação, apenas aponta o que é espe-

---

[41] Brazelton, T.Berry e Greenspan, Stanley I.- as necessidades essenciais da criança – o que toda criança precisa para crescer, aprender e se desenvolver, Artmed, Porto Alegre, 2002 – p. 187, das p. 188-194 se encontram os *touchpoints* mais detalhados

[42] Idem página 191

rado e o que está por vir, além de trazer à tona inúmeras reflexões sobre questões importantes que discutimos até agora: formação de vínculo, *Função Materna, Função Paterna*, organização do tempo e do espaço, autonomia etc. Só esta questão daria mote a várias reuniões de pais na creche!

Sugerimos aos professores que comecem a ler o que o Dr. Brazelton produz e a conhecer mais o que ele pensa sobre desenvolvimento e relação com as famílias.

Dr. Brazelton

M. D., é fundador da Unidade de Desenvolvimento Infantil no Hospital da Criança de Boston, é Professor Emérito de Pediatria na Harvard Medical School. Seus muitos livros populares e importantes incluem o *best-seller* internacional Momentos decisivos e *Infants and mothers*. Pediatra experiente há mais de 45 anos e grande defensor das causas infantis, o Dr. Brazelton criou a Fundação Brazelton para apoiar o treinamento em desenvolvimento infantil para profissionais da saúde e da educação em todo o mundo.

Livros em português:

- Sono. Porto Alegre: ArTmed, 2005
- Tirando as fraldas. Porto ALegre: ArTmed, 2005
- Acalmando seu impaciente bebê. Porto Alegre: ArTmed, 2005
- Alimentando seu filho. Porto Alegre: ArTmed, 2005
- Disciplina. Porto Alegre: ArTmed, 2005
- Momentos decisivos do desenvolvimento infantil. São Paulo: Editora Martins Fontes, 2002

Para conhecer melhor (sites em inglês):

http://www.brazelton-institute.com/berrybio.html
http://www.touchpoints.org/

O próprio Dr. Brazelton define a essência do programa *touch-points* em seu site:

> "Quando nós fortalecemos as famílias, em última análise, fortalecemos a comunidade. Nosso objetivo é que os pais em todos os lugares trabalhem com provedores de apoio, para se sentirem confiantes em seu papel parental, e estabelecerem um vínculo forte e resistente com seus filhos. Para ajudar a alcançar isso, os provedores devem ser sensíveis aos pais, com conhecimentos sobre o desenvolvimento da criança, e ansiosos para ver todos os pais bem-sucedidos."
>
> T. Berry Brazelton, MD

As aprendizagens específicas

O RCNEI na introdução nos diz que:

> *"(...) a avaliação é entendida prioritariamente como um conjunto de ações que auxiliam o professor a refletir sobre as condições de aprendizagem oferecidas e ajustar sua prática às necessidades colocadas pelas crianças. É um elemento indissociável do processo educativo que possibilita ao professor definir critérios para planejar as atividades e criar situações que gerem avanços na aprendizagem das crianças. Tem como função acompanhar, orientar, regular e redirecionar o processo como um todo (p. 59)".*

No que se refere às crianças, a avaliação deve permitir que elas acompanhem suas conquistas, suas dificuldades e suas possibilidades ao longo de seu processo de aprendizagem. Para que isso ocorra, o professor deve compartilhar com elas aquelas observações que sinalizam seus avanços e suas possibilidades de superação de dificuldades (p. 60).

Acompanhando as aprendizagens e o desenvolvimento das crianças

Para cada âmbito de experiência o RCNEI sugere que o professor observe a criança em relação às propostas que realiza. Por exemplo, as crianças conseguem se deslocar no espaço sem ajuda? Isto só será possível se o professor permitir que a criança possa explorar o espaço, fique no chão e no berço, ou seja, se o trabalho com o corpo tem sido desafiador.

Na música, as perguntas são: as crianças têm atenção para ouvir, responder ou imitar? Utilizam diferentes materiais sonoros para brincar? Expressam-se por meio do uso da voz?

Chama atenção de que para que isso ocorra, a crianças precisam vivenciar diferentes experiências com exploração e uso da voz, de objetos sonoros e de observação do ambiente.

Em artes visuais a avaliação é sempre processual e individual e o professor deve analisar e refletir sobre as produções dos pequenos.

Para se comunicar oralmente as crianças interagem, começam a expressar seus desejos e necessidades e suas vivências? Ouve histórias e relatos com atenção e prazer? Manipula livros e outros materiais escritos?

Novamente, o professor só poderá observar se as crianças estão desenvolvendo suas competências nesta área se forem expostas a estas situações de comunicação.

A avaliação faz parte do planejamento do professor. Quando ele pensa que atividade oferecer às crianças ele já pensa também em o que observar durante a realização da atividade.

O tamanho dos grupos de crianças às vezes pode desanimar o professor desta tarefa tão importante e que acaba sendo relegada a segundo plano. Mas o registro pode ser organizado de forma que, ao longo de uma ou duas semanas, os professores tenham registros curtos, mas significativos, das atividades de cada criança que depois podem ser organizados num registro mais formal, ou num álbum.

Para finalizar, Victor Guerra[43] ao falar sobre formação num congresso, acentua a importância da escuta e do cuidado ao cuidador assim como da importância da atenção ativa sobre o bebê. Ele aponta que cuidar em profundidade implica disponibilidade física e mental. Implica aceitar no bebê uma temporalidade diferente, uma sensibilidade especial para ritmo, assim como oferecer a sustentação de suas angústias e principalmente conectar-se com a paixão de conhecer o mundo.

Para isso, há que se construir um olhar específico. E sabemos: não basta gostar de bebês para assumir a importante tarefa de acompanhar seu processo de constituição, desenvolvimento e aprendizagem. Há que ter disponibilidade, disposição, responsabilidade, assim como *vontade de aprender* nessa relação. Aprender não apenas com os mais experientes que indicam o caminho, mas também com esse *novato no mundo*, que já chega com muita coisa para contar. **O bebê ensina.**

---

[43] Victor Guerra – é psicólogo e psicanalista, membro da Associação Psicanalista do Uruguai – Os múltiplos bebês na mente da educadora: sua importância no cuidado em profundidade; Victor Guerra no simpósio no VIII Encontro Nacional sobre o Bebê/Associação Brasileira de Estudos sobre o Bebê - São Paulo, novembro de 2010.

Acompanhando as aprendizagens e o desenvolvimento das crianças

IRDI 18

Idade em meses:	Indicadores:
0 a 4 meses incompletos:	1. Quando a criança chora ou grita, a educadora sabe o que ela quer.
	2. A educadora fala com a criança num estilo particularmente dirigido a ela (manhês).
	3. A criança reage ao manhês.
	4. A educadora propõe algo à criança e aguarda a sua reação.
	5. Há trocas de olhares entre a educadora e a criança.
4 a 8 meses incompletos:	6. A criança utiliza sinais diferentes para expressar suas diferentes necessidades.
	7. A criança reage (sorri, vocaliza) quando a educadora ou outra pessoa está dirigindo-se a ela.
	8. A criança procura ativamente o olhar da educadora.
8 a 12 meses incompletos:	9. A educadora percebe que alguns pedidos da criança podem ser uma forma de chamar a atenção.
	10. Durante os cuidados corporais, a criança busca ativamente jogos e brincadeiras amorosas com a educadora.
	11. Educadora e criança compartilham uma linguagem particular.
	12. A criança estranha pessoas desconhecidas.
	13. A criança faz gracinhas.
	14. A criança aceita alimentação semi-sólida, sólida e variada.
De 12 a 18 meses	15. A educadora alterna momentos de dedicação à criança com outros interesses.
	16. A criança suporta bem as breves ausências da educadora e reage às ausências prolongadas.
	17. A educadora já não se sente mais obrigada a satisfazer tudo que a criança pede.
	18. A educadora coloca pequenas regras de comportamento para a criança.

Fonte: Protocolo Clínico de Risco para o Desenvolvimento Infantil IRDI-18 (Kupfer et al, 2008).

Referências bibliográficas

ALARCÃO, Isabel. **Formação reflexiva de professores**. Portugal: Porto, 1996.

BRASIL. **Referenciais Curriculares Nacionais para Educação Infantil**. v. 1. Braília: Ministério da Educação/Secretaria de Educação Básica, 1989.

BRASIL. **Critérios para um Atendimento em Creches que Respeite os Direitos Fundamentais das Crianças** Brasília: Ministério da Educação/Secretaria de Educação Básica, 2009.

BRASIL. **Indicadores de Qualidade na Educação Infantil**. Brasília: Ministério da Educação/Secretaria de Educação Básica, 2009.

BRAZELTON, T.Berry e GREENSPAN, Stanley I. **As necessidades essenciais da criança – o que toda criança precisa para crescer, aprender e se desenvolver** . Porto Alegre: Artmed, 2002.

FREIRE, Madalena. **Educador, educa a dor**. São Paulo: Paz e Terra, 2008.

GANDINI, Leila e GOLDHABER, Jeanne. *Duas reflexões sobre a documentação*. In Bambini: **A abordagem italiana à educação infantil**. Porto Alegre: Artmed, 2002.

GUERRA, Vitor. **Os múltiplos bebês na mente da educadora: sua importância no cuidado em profundidade** (apresentação realizada no simpósio no VIII Encontro Nacional sobre o Bebê/Associação Brasileira de Estudos sobre o Bebê). São Paulo, nov. 2010.

HOFFMANN, Jussara. **Avaliação na pré-escola – um sensível olhar reflexivo sobre a criança**. Porto Alegre: Mediação, 1997.

JERUSALINSKY, Alfredo. **Pesquisa Multicêntrica de indicadores clínicos de risco para o desenvolvimento infantil**. (apresentação realizada no II Workshop sobre desenvolvimento Infantil – da concepção aos três anos, realizada pela Fundação Maria Cecilia Souto Vidigal). São Paulo, 2008.

KUPFER, M. C. et al. *A pesquisa IRDI: resultados finais*. In: LERNER, R. & KUPFER, M. C. (orgs). **Psicanálise com crianças: clínica e pesquisa.** São Paulo: Escuta, 2008.

MARIOTTO, Rosa. M. M. **Cuidar, educar e prevenir: as funções da creche na subjetivação de bebês**. São Paulo: Escuta, 2009.

MARTINS, Mirim Celeste. *Aprendiz da Arte – trilhas do sensível olhar pensante*. In **Observação, registro e avaliação**. São Paulo: Espaço Pedagógico: 1992.

9 Sugestões aos professores

Incluímos neste capítulo final algumas sugestões aos professores para alimentar sua prática de acordo com as concepções que foram apresentadas ao longo do livro, pois sabemos que ainda é grande a dificuldade em saber se algo de fato é significativo para as crianças e se tem lastro teórico.

Algumas ideias são para usar com as crianças, sempre pautadas pela observação de seu desenvolvimento e de seus interesses, pois é preciso pensar em materiais que tenham bom potencial para as crianças construírem conhecimento e estabelecerem relações entre eles.

Outras ideias são apenas para o deleite dos professores, para que se alimentem culturalmente a fim de que sua mediação com o conhecimento seja também significativa. Lembramos que a curiosidade e a postura de pesquisador são instrumentos básicos para aqueles que trabalham em Educação Infantil.

Artes visuais e seus materiais

Para começar, alguns cuidados básicos:

- leia os rótulos de tudo o que for utilizar. Nunca use nada que tenha produtos tóxicos e alergênicos;
- peça aos familiares uma camiseta velha de adulto para que a criança possa usar sem estragar sua roupa, ou um avental

(pano ou plástico). Se não for possível, oriente os responsáveis para que a criança venha sempre à escola com roupas que possam ser manchadas e assim ficar mais à vontade nas suas explorações;

- forre com jornal os lugares que for utilizar para propor brincadeiras com tinta, inclusive onde a tinta for escorrer;

- forre mesas com plástico transparente grosso para proteger as superfícies de madeira, plástico e fórmica de manchas e para facilitar o trabalho de limpeza;

- delimite um espaço para que a experiência artística possa acontecer. De preferência, espaço externo e amplo o suficiente para que a criança possa ir e vir e agregar elementos do próprio espaço a suas pesquisas e descobertas;

- as crianças aprendem a se organizar ao encontrarem um ambiente organizado. Saber como e onde guardar cada coisa ajuda-as a terem noção de espaço e a aprenderem a respeitar seu próprio trabalho e ao trabalho do outro. O cuidado com os materiais é revelador do cuidado do professor com as crianças, pois na organização está implícita a pesquisa, a seleção e a forma como os diferentes materiais são oferecidos;

- as crianças precisam de água para lavar os pincéis, e não pode ser pouca, não! Potes grandes e baldes ajudam nesta tarefa, assim como torneiras próximas;

- cuide para que os acessórios das pinturas ou modelagens sejam seguros, sem ponta, sem corte, e evite peças pequenas, que podem engasgar se levadas à boca etc.

Tendo estes cuidados, vamos fazer arte?

Riscantes

São os objetos usados para produzir uma marca – as crianças, por elas mesmas, usam diferentes riscantes que "descobrem" produzir uma marca, como uma pedra, por exemplo. Talvez a comida no prato seja uma das primeiras superfícies a serem testadas com seus dedinhos riscantes, assim como pauzinhos no chão de terra, a pazinha que cavouca a areia.

Aqui sugerimos materiais utilizados pelos artistas no universo das artes visuais: pincéis de diferentes tamanhos e formatos, rolinhos, brochas, pedaços de espuma, giz de cera, lápis preto, caneta esferográfica, caneta ponta grossa, caneta ponta fina, canetas claras ou giz de lousa para papéis escuros, giz de lousa molhado em água ou leite, giz pastel, carvão.

Tintas são importantes riscantes para as crianças! Podemos utilizar tintas naturais extraídas de cascas de frutas e raízes (beterraba, cenoura etc.), folhas (couve, espinafre), da própria terra em suas diferentes tonalidades e de alimentos como o pó de café, o urucum, o açafrão. Para os bebês, o ideal é a tinta de amido de milho (maisena). Para os maiores, pode se chegar ao guache em diferentes consistências.

Para fazer tinturas naturais e atóxicas

Ingredientes

- Pigmento natural
- Água
- Cola

Modo de fazer

Misturar o pigmento, com água e cola branca até obter a textura desejada da tinta.

Como obter os pigmentos

Para usar cascas de frutas e folhas é necessário macerar ou bater no liquidificador com o mínimo de água, coar e misturar com cola. Os corantes alimentícios produzem bons resultados e igualmente são atóxicos.

Veja algumas sugestões:

- **Rosa forte da beterraba**

Ralar uma beterraba média ou grande, bem fininha, colocar em um pano e espremer.

- **Laranja avermelhado do urucum**

Colocar uma colher de sopa cheia de urucum de molho no limão, de forma que cubra o urucum, por aproximadamente meia hora. Amassar com um pilão e colocar em um pano e espremer. Pode-se também "carimbar" a massa com o saquinho para sair mais cor.

- **Amarelo da cúrcuma**

Ralar 4 a 5 raízes grandes de cúrcuma (açafrão brasileiro). Colocar em um pedaço de voil, pois o pano fica bem amarelo e não sai, e espremer em cima da massa.

Para fazer tinta de amido de milho (maisena)

Ingredientes

- Pigmento natural ou corante alimentício
- Água
- Amido de milho

Modo de fazer

Misturar o corante com água. Para cada copo de água, usar uma colher rasa de amido de milho. Levar ao fogo para engrossar. Deixar esfriar e usar.

Conforme a quantidade de amido de milho, a tinta fica mais ou menos líquida.

Misturas

Guache com cola, cola com areia, pó de café com cola, terra, farinha de trigo com água e corante alimentício, anilinas, maisena com água, papel crepom e água.

Um riscante inusitado sugerido por uma professora de arte é fazer um "suco" de pigmento mais água e congelar em forminhas de gelo. Depois é só riscar num papel com textura, como, por exemplo, o papel camurça. A surpresa das crianças é linda de se ver!

Suportes

São as superfícies utilizadas para as atividades. As crianças podem trabalhar com suportes bidimensionais ou tridimensionais. Pode-se pensar em oferecer texturas em diferentes suportes, preparadas pelo próprio professor ou encontradas prontas como lixas, papel ondulado e papel camurça, por exemplo. Qualquer objeto pode servir de suporte a ser experimentado.

Algumas variações:

- uma parede específica, uma mesa ou o próprio chão, forrados ou não;

- papéis brancos e coloridos cortados em diferentes tamanhos e formas, colocados na vertical ou na horizontal;

- papelão;

- rolo de papel kfrat que possa ser cortado em diferentes tamanhos ou cobrir diferentes superfícies;

- tecidos;

- caixas de papelão de diferentes tamanhos e formatos;

- "cabanas" de plástico.

Modelagem

A modelagem é a técnica utilizada com massinhas, materiais que permitem a exploração da tridimensionalidade, a saída do plano, da bidimensionalidade proposta no desenho e na pintura. Em geral as crianças modelam placas e fracionam as massas. O principal instrumento para modelagem é em geral a própria mão, e podem ser agregadas pequenas sucatas para darem mais relevo, ou apenas servirem como carimbos.

As massinhas podem ser feitas com vários ingredientes alimentícios, atóxicos, como farinha de trigo, maisena, aveia, sal. Também há as prontas, como argila branca e plastilina.

O rolo de macarrão, ou pedaços de cabo de vassoura, palitos, forminhas de biscoito ou de brincar na areia, tampas, carretéis, espirais, sucatas diversas, são elementos a serem agregados a modelagem, conforme o interesse da criança.

Sugestões aos professores

Para fazer massinha de farinha

Ingredientes

- Farinha
- Sal
- Água

Modo de fazer

Para cada copo de farinha, usar um copo e meio de sal e ½ copo de água. Misturar o corante na água antes de acrescentá-la à massa. Esta massa fica com gosto muito ruim e as crianças evitam colocá-la na boca.

Se for o caso o produto final pode ser levado ao forno comum para ser assado e ter um pouco mais de durabilidade. ▪

A modelagem é diferente da escultura. Esculturas são feitas a partir de blocos de madeira, de pedra, de metal, materiais que normalmente não ficam ao acesso de crianças pequenas, pois são perigosos – pontiagudos e alguns têm lâminas. Os artistas usam instrumentos para retirar massa, acrescentar massa, frisar, obter detalhes sutis, portanto esculpem. As crianças pequenas dificilmente fazem esculturas, mas brincam muito de empilhar objetos e caixas, lidando com o tridimensional. Estes elementos podem ser colados uns aos outros com fita crepe.

Colagem

Colagem é a composição feita de matérias de diversas texturas, ou não, superpostas ou colocadas lado a lado, na criação de um motivo ou imagem. É uma técnica não muito antiga, criativa e bem divertida, que tem por procedimento juntar numa mesma imagem outras imagens de origens diferentes. Alguns grandes artistas, como Picasso, utilizaram esta técnica.

As crianças podem colar pequenos objetos, pedaços de pano, sucatas, caixas, pedaços de papel em diferentes suportes, usando cola branca, goma arábica, de farinha de trigo, de polvilho, de clara de ovo. Fita crepe e Durex produzem a colagem de elementos tridimensionais.

Para fazer cola caseira

Ingredientes

- 1 copo de água
- 1 colher de sopa cheia de farinha de trigo
- 1 colher de sopa de vinagre

Modo de fazer

Misturar os ingredientes e levar ao fogo para engrossar. Esperar esfriar e oferecer às crianças.

Recorte

O uso da tesoura, sem ponta, também se constitui como um brinquedo a ser explorado e manuseado. Afinal, tesouras existem no mundo e as crianças costumam ver os adultos utilizá-las!

Evidentemente as crianças pequenas não a usarão para cortar, pois não é fácil do ponto de vista da habilidade motora. E para usá-las com esta finalidade precisam da ajuda do adulto. Mas alguns recortes e picotes serão possíveis, não só no papel como nas massinhas.

Sugestões aos professores

Música

Sugestões de CDs

Toda boa música interessa às crianças, que precisam conhecer diferentes ritmos e de diferentes países e tempos. Seguem algumas sugestões de CDs infantis, lembrando que não são só os infantis que as crianças podem e devem ouvir.

A Arca de Noé (vol. 1 e 2), de Toquinho e Vinicius de Moraes.
(Polygram, 1980)

Adivinha o que é?, de MPB-4.
(Ariola, 1983)

Brincadeiras de roda, estórias e canções de ninar, de Solange Maria e Antonio Nóbrega.
(Estúdio Eldorado, 1983)

Canções de brincar (Coleção Palavra Cantada).
(Estúdo Eldorado, 1996)

Canções de ninar (Coleção Palavra Cantada).
(MDL, 2001)

Cantigas de Roda (Coleção Palavra Cantada).
(MCD Word Music, 1998)

Meu nenen (Coleção Palavra Cantada).
(MCD Word Music, 2003)

Carnaval Palavra Cantada (Coleção Palavra Cantada).
(MCD Word Music, 2008)

Canções Casa de Brinquedos, de Toquinho.
(Polygram, 1995)

Castelo Rá-Tim-Bum (TV Cultura/ SESI).
(Velas, 1995)

Coleção Música Popular do Norte, de Carolina Andrade e Cesário Coimbra de Andrade (prod.).
(Discos Marcus Pereira, 1994)

Coleção Música Popular do Nordeste, de Carolina Andrade e Cesário Coimbra de Andrade (prod.).
(Discos Marcus Pereira, 1994)

Coleção Música Popular do Centro-Oeste, de Carolina Andrade e Cesário Coimbra de Andrade (prod.).
(Discos Marcus Pereira, 1994)

Coleção Música Popular do Sudeste, de Carolina Andrade e Cesário Coimbra de Andrade (prod.).
(Discos Marcus Pereira, 1994)

Coleção Música Popular do Sul, de Carolina Andrade e Cesário Coimbra de Andrade (prod.).
(Discos Marcus Pereira, 1994)

Meu pé, meu querido pé, de Hélio Ziskindi.
(Velas, 1997)

O grande circo místico, de Edu Lobo e Chico Buarque.
(Som Livre, 2009)

O menino poeta, de Antonio Madureira.
(Estúdio Eldorado, 1985)

Os saltimbancos, de Chico Buarque (adaptação).
(Philips, 1997)

Quero passear (Grupo Rumo).
(MCD Word Music, 2001)

Rá-Tim-Bum (TV Cultura/ FIESP/ SESI).
(Estúdio Eldorado, 1993)

Villa-Lobos das crianças (Espetáculo Musical de cantigas infantis).
(Estúdio Eldorado, 1987)

Parangolé – Canções e brincadeiras, do Grupo Artístico Emcantar.
(Brasil Música, 2009)

Partimpim, de Adriana Calcanhoto.
(Sony & BMG, 2008)

Furunfunfum no carnaval, de Marcelo e Paula Zurawski. (MCD Music Word, 2006)

Instrumentos musicais

Recomendamos o uso de instrumentos originais de uso infantil dos diferentes tipos.

De corda:

- Berimbau
- Cavaquinho
- Guitarra
- Violão
- Piano e teclados

De percussão:

- Afoxé
- Agogô
- Atabaque
- Caixa
- Castanhola
- Caxixi
- Chocalho
- Cuíca
- Ganzá
- Marimba
- Pandeiro
- Pratos
- Reco-reco
- Sino
- Tambor
- Tamborim
- Triângulo
- Xilofone

Sopro:

- Flauta doce
- Flauta de Embolo
- Gaita
- Pífaro
- Pios de pássaros – apitos

Outras fontes sonoras disponíveis no ambiente que estiverem ao alcance das crianças.

Materiais diversos para brincar/movimento

Abordamos longamente a necessidade de oferecer aos pequenos um ambiente estimulador e desafiador. Lembre sempre de observar o estado de conservação e limpeza dos objetos que serão manipulados e levados a boca, já que devem ser seguros.

Veja algumas sugestões:

Materiais de largo alcance
(também conhecidos como "não estruturados")

- Tecidos grandes, em cores e texturas diferentes (cetim, algodão, tule, feltro...) que podem ser oferecidos em composições e quantidades diferentes: por tipo de tecido, por tamanho, para cobrir, fazer cabana, subir, se enrolar, construir cenários etc.;

- Caixas pequenas e médias para serem manipuladas: embalagens de diferentes tamanhos que podem ser pintadas ou encapadas e servir como "blocos de construção". Empilhar, colocar lado a lado, juntar e separar, construir torres para derrubar, fazer limites para brincadeiras com outros objetos.... Para que durem mais, as caixas podem ser preenchidas com jornal e fechadas com fita adesiva, mas é também interessante que algumas sejam fáceis de abrir e fechar, para guardarem objetos ou terem imagens coladas internamente para ampliar as possibilidades de exploração das crianças;

- Caixas grandes resistentes para que as crianças possam entrar, virar e fazer túnel, empurrar, compor um circuito motor etc. Podem ser de papelão ou de plástico;

- Biombos de madeira ou outros materiais que podem compor cenários ou fazer parte de circuitos, como corredores;

- Garrafas plásticas grandes e pequenas, em diversas cores ou com líquidos coloridos dentro que podem ser feitos com corantes diversos, papel crepom ou pedacinhos de papel ou EVA coloridos. Servem como objetos de exploração motora e visual;

- Garrafas plásticas transformadas em objetos sonoros, grandes e pequenas com objetos que produzem sons: sementes, bolinhas, guizos... Os bebês as empurram no chão!;

- Tubos de papelão duro (de papel alumínio) que podem ser forrados de maneira atraente com tecidos ou papéis, ter as extremidades tampadas com papel celofane colorido, para servir de luneta. Os tubos podem ser rolados no chão, manipulados, ficarem de pé em tentativas de equilíbrio;

- Piscinas plásticas forradas de almofadas para o bebê ficar ou colocadas no chão como obstáculo a ser transposto (como as caixas);

- Caixas ou cestas com objetos variados para exploração: pequenos potes, colares de contas grandes, espelhinhos, escovas de unha, bolinhas de borracha, garrafas com objetos dentro, bobes de cabelo, prendedores de espuma;

- Cortinas feitas de fios com objetos coloridos para que a criança possa manipular ou passar sob: bolas, pedaços de papel, papelão, EVA, espuma, contas coloridas, guizos.

Hora da história!

Atualmente, o mercado editorial brasileiro percebeu a grande demanda por livros infantis, inclusive para os bebês. Há vários títulos muito interessantes, com e sem textos, que podem acompanhá-lo durante sua estada na creche, ao longo dos anos.

1. **Cadê Minha Mamãe?**, de A.J. Wood e Rachel Willians (Brinque Book).

2. **Cadê meu ursinho?**, de Jezz Alborough (Brinque Book).

3. **Duda adora pular**, de Stephen Michael King (Brinque Book).

4. **O homem que amava caixas**, de Stephen Michael King (Brinque Book).

5. **O que é, o que é?**, de Guido van Genechten (Brinque Book).

6. **O que tem dentro de sua fralda?**, de Guido van Genechten (Brinque Book).

7. **O Ratinho, o Morango Vermelho Maduro e o Grande Urso Esfomeado**, de Audrey Wood Don Wood (Brinque Book).

8. **Vamos passear?**, de Sue Williams (Brinque Book).

9. **Bruxa, Bruxa, Venha à Minha Festa**, de Arden Druce (Brinque Book).

10. **Devagar, Devagar, Bem Devagar**, de Eric Carle (Brinque Book).

11. **Lili, Pedro e o Peixe Caçador de Tesouros**, de Angelika Glitz (Brinque Book).

12. **Nestor**, de Quentin Gréban (Brinque Book).

13. **No Coração e Na Bolsa**, de Laurence Bourguinon (Brinque Book).

14. **Poemas para Crianças**, de Fernando Pessoa (Martins Fontes).

Sugestões aos professores

15. **Oh!**, de Josse Goffin (Martins Fontes).

16. **O Pote Vazio**, de Demi (Martins Fontes).

17. **Árvores do Brasil – cada poema no seu galho**, de Lalau e Laurabeatriz (Peirópolis).

18. **Japonesinhos**, de Lalau e Laurabeatriz (Peirópolis).

19. **Barangandão arco-íris – 36 brinquedos inventados por meninos e meninas**, de Adelsin (Peirópolis).

20. **Rimas da floresta – Poesia para os animais ameaçados pelo homem**, de José Santos e Laurabeatriz (Peirópolis).

21. **A arca de Noé**, de Vinícius de Morais (Companhia das letrinhas).

22. **Aviãozinho de papel**, de Ricardo Azevedo (Companhia das letrinhas).

23. **Sapo Bocarrão**, de Keith Falkner (Companhia das letrinhas).

24. **O porco narigudo**, de Jonatham Lambert (Companhia das letrinhas).

25. **Duas dúzias de coisinhas a toa que deixam a gente feliz**, de Otávio Roth (Ática).

26. **Mariana**, de Mary e Eliardo França (Ática).

27. **Rimas de Ninar**, de Tatiana Belink (Ática).

28. **Tanto, Tanto**, de Trish Cooke (Ática).

29. **A bruxinha atrapalhada**, de Eva Furnari (Global).

30. **Quem tem medo de cachorro?**, de Rute Rocha (Global).

31. **Amendoim**, de Eva Furnari (Paulinas).

32. **Filó e Marieta**, de Eva Furnari (Paulinas).

33. **Zuza e Arquimedes**, de Eva Furnari (Paulinas).

34. **Adivinha quanto eu te amo**, de Sam McBratney (Moderna).

35. **Vamos escovar os dentes?**, de Leslie Mc Guire (Salamandra).

36. **A Coleção do cachorrinho Cliford**, de Norman Bridwel (Cosac Naify).

Filmes para refletirem sobre educação

Babies (EUA, 2009)

Direção: Thomas Balmès

Babies segue simultaneamente quatro bebês ao redor do mundo – desde o nascimento até os primeiros passos. As crianças são, respectivamente em ordem de aparecimento: Ponijao, que vive com sua família perto de Opuwo, Namíbia; Bayarjargal, que mora com sua família na Mongolia, perto de Bayanchandmani; Mari, que vive com sua família em Tokyo, Japan; e Hattie, que mora com a família nos EUA, em San Francisco.

Crianças Invisíveis – A infância perdida (Itália, 2005)

Crianças Invisíveis é uma produção encomendada pela Unicef e realizada por oito diretores de diferentes nacionalidades. Cada continente retrata a realidade de suas crianças de forma sensível, algumas vezes chocante em outras desconcertantes. Foram convidados diretores como o inglês Ridley Scott, a brasileira Katia Lund, (o filme mais bem humorado) o norte-americano Spike Lee, o chinês John Woo, o italiano Stefano Veneruso, o bósnio Emir Kusturica e o argelino Mehdi Charef.

Valentin (Argentina-Holanda-França-Itália-Espanha, 2002)

Direção: Alejandro Agresti

Valentin é um menino de 8 anos que mora com a avó, se sente muito sozinho e precisa enfrentar muitos problemas em sua vida mas ele é esperto, sensível e apaixonante.

Sugestões aos professores

O balão vermelho (França, 1956)

Direção: Albert Lamorisse

Um menino faz amizade com um balão, que começa a segui-lo por onde quer que vá, como à escola, ônibus e à igreja. Menino e balão brincam juntos nas ruas de Paris e tentam fugir de uma gangue que quer destruir o balão.

Garoto Selvagem (França, 1970)

Direção: Françoit Truffaut

É a história real de um garoto encontrado em uma floresta em 1798, por alguns camponeses. O garoto selvagem não sabe andar, falar, ler nem escrever. Dr. Itard se interessa pelo caso e começa a educá-lo. Todos pensam que ele falhará, mas com amor, e paciência ele consegue alguns resultados.

A língua das mariposas (Espanha, 1999)

Direção: José Luis Cuerda

Para Moncho, este é um ano especial: ele começa a ir para a escola, tem um professor maravilhoso e faz amizade com Roque, começa a perceber os mistérios do amor e seu irmão mais velho, que toca saxofone em uma banda, faz uma turnê e vai visitá-lo em sua cidade. Mas também é o ano em que a República Espanhola cai nas mãos dos fascistas. Mas o pai de Mocho e seu professor são republicanos...

Nenhum a menos (China, 1999)

Direção: Yimou Zhang

Na China em um remoto vilarejo, o professor precisa se ausentar por um mês, e o prefeito só consegue contratar como substituto uma menina de 13 anos, Wei Minzhi. O professor deixa apenas um giz para cada dia e promete pagar à moça 10 Yuan extras se não houver nenhum aluno a menos quando ele voltar.

Quando tudo começa (França, 1999)

Direção: Bertrand Tavernier

O filme traz a história de Daniel Lefebvre, professor e diretor de uma escola pública da pequena cidade de Hernaing, na França, em 1998. A cidade sofre com o fechamento das minas de carvão e enfrenta uma taxa alarmante de 34% de desemprego. Os professores são aconselhados a não se envolver com os problemas crônicos da comunidade, mas é impossível para Daniel permanecer imune à miséria, à falta de assistentes sociais, à indiferença do governo e aos sérios problemas domésticos que suas crianças enfrentam. Defronta-se com situações dramáticas vividas pelas famílias das crianças que estudam na escola. Resistindo a todo o tipo de dificuldades da burocracia do sistema de ensino e das tentativas de manipulação das autoridades educacionais, o professor Daniel decide se contrapor ao governo local, reivindicando condições mínimas de vida e dignidade para a população.

Ser e Ter (França, 2002)

Direção: Nicholas Philibert

O documentário acompanha os estudantes de uma escola rural da França, do jardim da infância até o último ano do primário, dos 4 aos 11 anos. O período mostra as crianças em pleno processo de formação do conhecimento e da identidade pessoal, acompanhando-as em sua transição do universo familiar para um ambiente no qual se leva em conta sua individualidade sem pressupostos.

Vermelho como o céu (Itália, 2006)

Direção: Cristiano Bortone

O filme é inspirado na história verídica de Mirco Mencacci, um dos mais talentosos sonoplastas italianos ainda na ativa, que é cego. Em uma pequena aldeia na Toscana, em 1971, Mirco é um menino de 10 anos louco por filmes, especialmente *westerns* e filmes de aventuras. Um dia, brinca com um antigo rifle, que dispara e machuca sua cabeça. Ele sobrevive, mas perde a visão. Na época, a lei italiana considerava os cegos como deficientes permanentes e não permitia seu atendimento em escolas públicas. Seus pais são forçados a deixá-lo em uma escola especial para cegos: o Instituto David Chiossone, em Genova. No início, Mirco se revolta, mas, pouco a pouco, vai encontrando novas possibilidades.

Uma lição de Amor (EUA,2001)

Direção: Jessie Nelson

Sam Dawson é um homem com deficiência mental que cria sua filha Lucy com grande ajuda de seus amigos. Porém, assim que faz 7 anos Lucy começa a ultrapassar intelectualmente seu pai, e esta situação chama a atenção de uma assistente social que quer Lucy internada em um orfanato. A partir de então Sam enfrenta um caso virtualmente impossível de ser vencido por ele, contando para isso com a ajuda da advogada Rita Harrison, que aceita o caso como um desafio com seus colegas de profissão. É um filme que derruba mitos e preconceitos.

Sociedade dos Poetas Mortos (EUA, 1989)

Direção: Peter Weir

O professor, apaixonado pela profissão e muito criativo, leva seus alunos a pensar e se posicionar sobre o significado do conhecimento e a importância da cultura em sua formação acadêmica, mesmo que para isso seja necessário transgredir a norma estabelecida.

Para pesquisar e estudar

Livros

ARIÉS, Philippe. **História Social da Criança e da Família**. Rio de Janeiro: Zahar, 1981.

BADINTER, Elisabeth. **O amor conquistado, o Mito do Amor materno**.
Digital Source. Disponível em <http://www.redeblh.fiocruz.br/media/livrodigital._(pdf)(rev).pdf> Acesso em 14 jan. 2012.

BOWLBY, J. *As origens do apego*. In: **Uma base segura: aplicações clínicas da teoria do apego**. Porto Alegre: Artes Médicas, 1989.

CAMPOS, Maria Malta. **Rescrevendo a Educação – Educação Infantil.** Disponível em <oei.es/pdfs/reescrevendo.pdf>. Acesso em 18 abr. 2012.

CARVALHO, Silvia M. Pereira de. **Diretrizes de educação infantil em um órgão de assistência**. Dissertação (Mestrado em Psicologia da Educação). Pontifícia Universidade Católica de São Paulo. 1995.

DANTAS, Heloysa. **A infância da razão. Uma introdução à psicologia da inteligência de Henri Wallon**. São Paulo: Manole, 1990.

GALVÃO, Isabel. **Henri Wallon: uma concepção dialética do desenvolvimento infantil**. Petrópolis: Editora Vozes, 1995.

FREITAS, Maria Teresa de Assunção. **Vygotsky & Bakhtim – psicologia e educação: um intertexto**. São Paulo: Editora Ática, 1994.

HADDAD, L. **A creche em busca de sua identidade: perspectivas e conflitos na construção de um projeto educativo**. Dissertação (Mestrado em Psicologia). Instituto de Psicologia, Universidade de São Paulo. São Paulo, 1989. 332p.

HEYWOOD, Collin. **Uma História da infância da idade Média à época contemporânea no Ocidente.** Porto Alegre: Artmed, 2004.

KUHLMANN Jr., Moysés. *Histórias da educação infantil brasileira*. In: **Revista Brasileira de Educação 5**. Fundação Carlos Chagas, São Paulo. Disponível em <http://www.anped.org.br/rbe/rbedigital/RBDE14/RBDE14_03_MOYSES_K UHLMANN_JR.pdf>. Acesso em 18 dez. 2011.

OLIVEIRA, Marta Kohl. **Vygotsky: aprendizado e desenvolvimento, um processo sóciohistórico**. São Paulo: Scipione, 1995.

PIAGET, J. **O Nascimento da Inteligência na Criança**. Rio de Janeiro: Zahar, 1970.

_____. **A Formação do Símbolo na Criança. Imitação, jogo e sonho, imagem e representação**. Rio de Janeiro: Zahar, 1971.

_____. **Para Onde Vai a Educação?** Rio de Janeiro: José Olympio, 1973.

RAPOPORT, Andrea; PICCININI, Cesar A. A escolha do cuidado alternativo para o bebê e a criança pequena. **Estudos de Psicologia**. v. 9, n. 3, setembro-dezembro, 2004, Universidade Federal do Rio Grande do Norte, Brasil. pp. 497-503.

ROSEMBERG, Fúlvia. *Organizações Multilaterais, estado e Políticas de Educação Infantil*. In: **Cadernos de Pesquisa**. Fundação Carlos Chagas, Pontifícia Universidade Católica, n. 115, março/2002.

TAILLE, Yves de la; OLIVEIRA, Marta Kohl de; DANTAS, Heloysa. **Piaget, Vygotsky, Wallon: teorias psicogenéticas em discussão**. São Paulo: Summus, 1992.

VYGOTSKY, L. **Formação Social da Mente**. São Paulo: Martins Fontes, 1999.

_____. **Pensamento e Linguagem**. São Paulo: Martins Editora, 2008.

Documentos oficiais sobre Educação Infantil

Consulta sobre qualidade da educação infantil: o que pensam e o que querem os sujeitos deste direito. Campanha Nacional pelo Direito à Educação. São Paulo: Cortez, 2006.

Plano Nacional pela Primeira Infância – proposta elaborada pela Rede Nacional primeira Infância com ampla participação social. Brasília, 2010.

MINISTÉRIO DE EDUCAÇÃO E CULTURA. Brasília/Distrito Federal. **Por uma Política de Formação Profissional de Educação Infantil**. Textos das palestras proferidas no encontro técnico de formação do professor de educação infantil, realizado no Instituto de Recursos Humanos João Pinheiro. Belo Horizonte. Abr., 1994.

PREFEITURA DO MUNICÍPIO DE SÃO PAULO - SECRETARIA MUNICIPAL DE EDUCAÇÃO - DIRETORIA DE ORIENTAÇÃO TÉCNICA – **Orientações Curriculares: expectativas de aprendizagens e orientações didáticas para educação infantil.** São Paulo, 2007.[44]

Revistas

Revista Mente e cérebro (Duetto Editora)

A mente do Bebê.
Volume 1: O feto, seu cérebro e a consciência primordial
Volume 2: Constituição psíquica e universo simbólico
Volume 3: Aquisição da linguagem, raciocínio e conhecimento
Volume 4: Interatividade e criação de vínculos sociais

Revista Avisalá (Instituto Avisa Lá)
Disponível em <http://www.avisala.org.br>

---

[44] Todas as publicações do MEC referentes a educação infantil estão disponíveis em < http://portal.mec.gov.br/index.php?option=com_content&view=article&id=12579%3Aeducacao-infantil&Itemid=859>.

Revista Pátio Educação Infantil (Editora Artmed)
Disponível em <http://www.revistapatio.com.br/default.aspx>

Revista Nova Escola (Editora Abril)

Blogs

Blogs de educadores generosos que disponibilizam o que fazem, como fazem:

EMEI Jardim Monte Belo
Disponível em: <http://giracirandinha.wordpress.com/≥

CEI Waltinho
Disponível em: <http://ceiwaltinho.blogspot.com/>

Maria Cristina dos Santos e Bete Godoy
Disponível em: <http://paraalmdocuidar-educaoinfantil.blogspot.com/>

Heloisa Pedroza de Lima
Disponível em: <http://criancapequenina.blogspot.com/≥

Janaina Maudonet:
Disponível em: <http://pedagogiacomainfancia.blogspot.com/≥

Sites informativos

Fundação Abrinq
Disponível em: http://www.fundabrinq.org.br/portal/

Todos pela Educação
Disponível em: <http://www.todospelaeducacao.org.br/≥

Educar para Crescer
Disponível em: <http://educarparacrescer.abril.com.br/≥

Portal Cultura Infância
Disponível em: <http://www.culturainfancia.com.br≥

Bebê.com.br
Disponível em: <http://bebe.abril.com.br>

Guia de Mídia – Museus
Disponível em: <http://www.guiademidia.com.br/sites/museus.htm>

Créditos de fotografia

Maria Teresa Venceslau de Carvalho

Cisele Ortiz

Flávia de Cassia C. dos Santos

Elisabeth Leal Costa

Cleide Aparecida da Rosa

José Antonio Dias

Sugestões aos professores

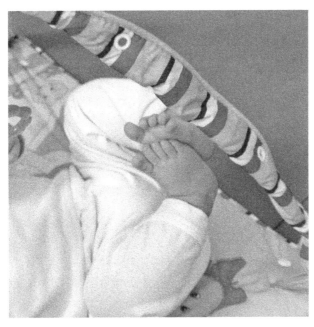

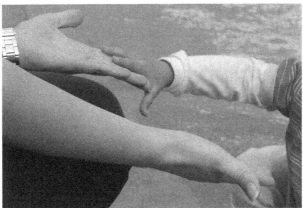

Fonte: CEI São Cesário/Liga Solidária - SP